超越元认知

HARD TO BE HUMAN

OVERCOMING OUR FIVE
COGNITIVE DESIGN FLAWS

［加］泰德·卡兹比（Ted Cadsby）/ 著

陈晓颖 / 译

中国出版集团
中译出版社

图书在版编目（CIP）数据

超越元认知：五大认知缺陷及应对策略 /（加）泰德·卡兹比著；陈晓颖译. -- 北京：中译出版社，2022.6
书名原文: Hard to Be Human: Overcoming Our Five Cognitive Design Flaws
ISBN 978-7-5001-7099-0

Ⅰ. ①超… Ⅱ. ①泰… ②陈… Ⅲ. ①认知心理学 Ⅳ. ① B842.1

中国版本图书馆 CIP 数据核字（2022）第 087795 号

Text © copyright by Ted Cadsby, 2021.

Hard to Be Human by Ted Cadsby first published in English by Dundurn Press Limited, Canada. This edition published by China Translation & Publishing House in arrangement with Dundurn Press Limited.

ALL RIGHTS RESERVED

著作权合同登记号：图字 01-2022-2707

超越元认知：五大认知缺陷及应对策略
CHAOYUE YUANRENZHI: WUDA RENZHI QUEXIAN JI YINGDUI CELÜE

出版发行 / 中译出版社
地　　址 / 北京市西城区新街口外大街28号普天德胜大厦主楼4层
电　　话 /（010）68005858，68358224（编辑部）
传　　真 /（010）68357870
邮　　编 / 100088
电子邮箱 / book@ctph.com.cn
网　　址 / http://www.ctph.com.cn
策划编辑 / 张若琳
责任编辑 / 张若琳
营销编辑 / 曾　顿　陈倩楠
封面设计 / 东合社-安宁
排　　版 / 潘　峰
印　　刷 / 北京中科印刷有限公司
经　　销 / 新华书店
规　　格 / 787mm×1092mm　1/16
印　　张 / 20
字　　数 / 185千字
版　　次 / 2022年6月第一版
印　　次 / 2022年6月第一次
ISBN 978-7-5001-7099-0　定价：68.00元

版权所有　侵权必究
中　译　出　版　社

目录

导言　羡慕动物，百思莫解　　1

第一篇　生而为人，困境重重　01
第 1 章　与生俱来的认知缺陷　03
第 2 章　无所不能的元认知策略　19

第二篇　排忧解难，柳暗花明　43
第 3 章　认知缺陷一：奢求简而化之　45
第 4 章　补救措施一：控制简化心理　69
第 5 章　认知缺陷二：沉迷定数执念　95
第 6 章　补救措施二：克服定数迷恋　113
第 7 章　认知缺陷三：情绪不由自主　139
第 8 章　补救措施三：摆脱情绪挟持　155
第 9 章　认知缺陷四：内心冲突不断　187
第 10 章　补救措施四：力求一心同体　217
第 11 章　认知缺陷五：人生本末倒置　247
第 12 章　补救措施五：追求真实意义　269

结语　初来乍到，精进不休　285

导　言
羡慕动物，百思莫解

———

　　人类绝对是这个世界上的怪胎，我们是现存灵长类哺乳动物中最复杂的物种。智人的历史可以追溯到700万年前，但其实早在40亿年前，自从第一个生命细胞诞生以来，物种的演化就一直在朝着人类的方向发展。其间，不管是尼安德特人还是很多其他人类物种，都经历了无数次失败与碰壁。不止如此，就连现代人类一路走来也是磕磕绊绊，经历了千辛万苦，跨越了其他人类物种未曾跨越的障碍，才终于成就了今天的模样。人类的身体机能并不高于其他动物，但大脑的进化却开足了马力，思维进化到了异常复杂的程度，远远超越了其他灵长类动物。不过，话说回来，进化中，我们的脑灰质却没有"开足马力",没能跟得上思维的进化速度。

跟人类相比,大象的脑容量是人类的三倍,神经元的数量也有三倍之多(大象的神经元数量为2570亿,人类仅为860亿),但大象的神经元大多集中在小脑,主要用来控制庞大的身躯和能者多劳的象鼻,只有一小部分神经元分散在大脑皮层——而大脑皮层才是高级思维的基础所在。人类与大象不同,分布在大脑中神经元的数量是大象的三倍(其中一些集中在前额皮质,也正因如此,前额皮质的超高级思维功能才异常强大)。人类大脑的神经元分布十分密集,其他动物都无法与之相提并论,这也正是我们复杂认知能力及独特意识功能的基础。

如此复杂的大脑的确令其他动物望尘莫及,但也正是这个原因导致了人类的艰难困境。我们始终无法摆脱自己思维的折磨,而其他动物根本不存在这样的困惑。仔细想想,我们是不是把很大一部分精力都花在了后悔当初、忧虑未来、郁郁寡欢、杞人忧天上?

如果其他动物也能像人类研究它们一样研究我们,它们肯定会对我们产生很多困惑,最无法理解的就是人类为什么要自讨苦吃。对于它们来说,人类简直就是奇葩的存在,怎么会有如此自相矛盾的生物:一边努力追求幸福,一边又不断折磨自己——焦虑、愤怒、沮丧、自怨自艾、自暴自弃,人类自我折磨的方式可谓多种多样、千奇百怪。的确如此,人类总是会对自己无能为力的事情忧心忡忡;渴望成功,却又力不从心;抱怨不被理解,却又对别人吹毛求疵；我们一味地捍卫自己骨子里的想法，哪怕名不正、言不顺，却依然我行我素、固执己见；最可笑的是，我们每天都纠结于该如何适应这个繁杂的世界，但这个繁杂的世界不正出自我们人类之手吗？人类绝对是自相矛盾的物种，具体表现远不止我们上面提到的这些。

所以我们人类才会羡慕其他动物，羡慕它们活得比我们轻松。很多事情动物根本就不在乎，就连我们的羡慕之情，它们都毫无察觉。

哲学家亚瑟·叔本华（Arthur Schopenhauer）在对比人类和动物的区别时曾经提出过一个非常值得思考的问题，即人类和动物，究竟哪个活得更痛苦。1851年，他发表文章《论世间苦难》，表示二者根本没有可比性。

- "在其他动物的认知中根本没有'无聊'的概念……但对于人类来说，'无聊'却是一种切切实实灾难般的感受。"
- 人类的需求"总是难以得到满足，而其他动物则不然"，因为"它们只要能活着便不再有其他奢望"。
- "与人类相比，其他动物拥有的才是真正的智慧……它们不急功近利，懂得享受当下……这一点让人类自惭形秽，因为太多时候我们都在浮躁的郁郁寡欢中自我消耗。"
- "如若发生不幸，其他动物的痛苦感觉只出现在当下，可人类则不同，只要想到不幸可能发生，就已经诚惶诚恐，这种折磨简直比不幸本身更令人痛苦。"

叔本华曾经说过,在所有动物中,只有人类会有贪生怕死的念头,而因此"一辈子活下来,总是在需求和无聊两个极端间来回游走,人类所要承受的痛苦远远大过我们所获得的快乐"。他最后总结道,人类的确应该羡慕其他动物,人类的一生是痛苦的一生,"每个人活在世上都不容易,都在以自己独特的方式为活着付出代价,人生下来就是遭罪的,很少有人能逃脱这样的宿命"。他甚至认为,鉴于人类专属的痛苦境遇,我们称呼彼此为"同病相怜的可怜虫"一点都不为过。

当然,你完全可以对叔本华的观点一笑置之,但他的话的确会让我们联想到很多古印度和古希腊的传说,那些故事的核心内容都是在阐述人类的不幸,就连基督教的教义都认为"人类背负着原罪来到了这个世界……所以要用一生赎罪偿还"。我们还可以研究一下貌似平和的佛教,它诞生的宗旨就是要帮人类脱离苦海。此外,另外一个现象也非常值得我们思考,那就是为什么只有人类会做出自杀的行为:其他动物或许也会自我伤害,甚至会在受伤后选择自暴自弃,但截至目前,我们还从未看到其他动物呈现出自杀的倾向。心理学家杰西·白令(Jesse Bering)在他的权威著作《为什么我们会自杀?》中写道:"观察猿猴的族群你会发现,不管它们怎样心烦意乱,如何遭受排挤……也不会见到有猿猴爬到最高枝头后纵身跃下放弃自己的生命。只有人类才会做出这样的选择，可以说，人类是唯一会自杀的猴子。"早有研究表明，人类群体中，至少有 40% 的人曾在人生的某个时刻萌生过自杀的念头，其中一半还曾经认真思考过自杀的方式。这样看来，似乎只有人类复杂的大脑才具备完成结束生命这样复杂指令的功能。当然，要想全面总结出人性复杂的一面并不容易，但拉斯·哈里斯（Russ Harris）医生的观点着实有些道理，他说："正常人类大脑的心理过程大都具有极强的伤害性，其结果就是每个人都会或早或晚遭受心理的折磨。"

人类痛苦的症结？

纳西姆·尼古拉斯·塔勒布（Nassim Nicholas Taleb）对人类困境的总结非常精妙，他说："人类的思维很像狱中的囚徒，一直被我们的生理机能禁锢，只有发挥才智，才能脱离苦海。"（请记住最后这句话，我们后续还将深入讨论）我们必须清楚地意识到，人类的思想也有其自己的意志，人身上有很多自相矛盾的地方，但"无法左右自己的思想"这件事绝对算得上所有纠结的根源：禁锢我们的不是别人，正是我们自己。人类幸不幸福完全取决于我们的大脑，这是一台重约三磅、可以传输电波的肉质机器，经历了漫长的进化，虽然其间也走过不少弯路，但最终发展出了强大的功能特征，同时也出现了一些小毛病——算不上严格意义上的"漏洞"，只是一些自身特征导致的瑕疵。

如果用更高的标准来衡量,我们的大脑设计并不完美,存在颇为严重的缺陷,而人类痛苦的症结就在于此,只是此前我们从未注意过这些问题。

人类大脑就像一台装满类似果冻一样神奇物质的精密仪器,经历了漫长的进化和发展,在原有操作平台上不断增加新的组件,并获得新的功能。发展至今,人类大脑已经可以处理各种庞杂的信息。换句话说就是,经年累月,人类(仍在进化的)大脑实现了两个思维系统的融合,将"古老原始"的(下意识)思维体系和"现代独特"的(有意识)思维体系合二为一,这一融合是人类所特有的功能,只可惜二者的融合还存在许多不尽如人意的地方。认知科学家通常把这两个思维体系分别称为第一系统和第二系统。粗略地看,两个系统分属大脑的不同区域,但从解剖学的角度分析,二者也存在重叠部分。总而言之,人类认知体系的总体设计还存在重大缺陷——包含这些缺陷的功能特征,需要我们修复补救。

人类认知体系的总体设计还存在重大缺陷
——包含这些缺陷的功能特征,需要我们修复补救。

人类之所以能活在世上,首先依靠的就是大脑第一系统的功能。但是,第一系统的功能特征在设计上主要是为了满足远古人类的生存需求,而如今人类生活的世界与远古相比已经发生了天翻地覆的变化。造成人类对现实产生严重误判的正是第一系统的设计缺陷。佛陀认为,人类之所以痛苦,其根源在于我们无法对现实做出正确判断,总是抱持着一种虚幻的认识;若想消除我们的痛苦,就必须对"存在的事实"做出深刻的反思,就必须做到实事求是。当然,我们对所谓的"事实"也可能抱有不同的理解,但佛陀的总体想法非常值得我们深入思考,即人类的痛苦主要源于我们对这个世界(包括对其他人类)的误解。

另外,大脑第一系统的运转大多在下意识中进行,即便它在设计上存在缺陷,即便这些缺陷给人类造成了严重的痛苦,我们在日常生活中还是很难意识到它们的存在(早在弗洛伊德提出无意识的理论几十年前,我们的老朋友叔本华就已经在书中写过,人类对自己大部分的思维和动机并不了解,因为它们大都是下意识的选择)。事实上,如果我们能够对第一系统有足够的认识,并能够运用第二系统的分析能力克服第一系统的设计缺陷,那很多问题都可以迎刃而解,可问题就在于大脑的第一系统和第二系统做不到珠联璧合:古老的系统和现代的系统做不到各司其职、和平共处。我们古老的认知系统主导着我们大部分的思维、感受和行为,根本不愿让渡权限给新的认知系统,而后者虽然有能力帮助我们更好地适应现代社会,却完全找不到发挥的空间。第一系统之所以一直占据主导地位也有着合理的历史原因——它的运行速度十分惊人,所以在保护人类方面一直发挥着至关重要的作用,远古如此,当下也是如此。但是到了现代社会,两个思维系统不平等的地位则显得越发不合时宜：第二系统的次要地位非常不利于人类适应当今社会。

生而为人，我们活在世上真的很不容易，原因就是我们很难控制自己极其复杂的大脑。人类的痛苦远远大于其他物种，而且还有愈演愈烈的趋势，其根源就在于：（1）第一系统的功能特征变成了设计缺陷，让我们无法对现实情况做出正确判断；（2）第二系统无法有效甄别并修复相关缺陷，只能忍气吞声地承受第一系统的颐指气使。

那么，究竟是哪些设计特征沦落成了设计缺陷，从而导致了人类内心的痛苦呢？其中至少有五大缺陷绝对不容忽视，我们将一一阐述。那有没有补救措施呢？答案是肯定的——当然，与其说是补救措施，不如称其为"变通手段"更为准确。但无论如何称呼，总之办法还是有的。

特征变成缺陷：综述人类认知的五大缺陷

正是因为人类的第一系统存在缺陷，才导致我们总是思考不足却又反应过度。我们总是思考得太少，情绪却异常丰富，每次遇到问题，第一直觉就是要找到最快的解决途径。然而事实上，很多问题非常复杂，仅凭直觉根本解决不了，需要我们投入更加成熟的认知能力。不仅如此，我们还动辄就被激动的情绪所裹挟，很多时候情绪激动的程度与最初事由的严重程度根本不成正比。

人类总是容易思考不足、反应过度
——总是思考得太少,情绪却异常丰富。

在我看来,思考不足、反应过度就是人类痛苦的两大根源。当然,与之相反的思考过度和反应不足也并不会起到任何好的作用。对一点小事就耿耿于怀,对自己无法做主的事情忧心忡忡,这些都是思考过度的表现;而反应不足则指的是我们对于当下的快乐和安宁从来不懂得珍惜,总是反应得异常迟钝。

人类要想活得轻松,首先就得认清自身的五大认知缺陷,五个原本的设计特征,就是因为无法与时俱进而沦落成了五大设计缺陷。

1. 奢求简而化之

人类在思考时,不管是什么事,总想一味将其简化(设计特征),哪怕是面对人生中相对复杂的情况,我们也是如此(设计缺陷:详见第3章、第4章)。所以,如果我们像其他动物一样,总是妄图将问题简单化处理,一旦做不到,内心就会产生巨大的痛苦。

2. 沉迷定数执念

人类就是这样,凡事都想搞个明白,总是沉迷于对确定性的执念（设计特征）。但人类与其他动物不同，我们一生中会遇到太多不确定、模棱两可的状况（设计缺陷：详见第 5 章、第 6 章），很多时候，我们都自信得过了头，以为自己可以做到心知肚明。

3. 情绪不由自主

对于来自外界的威胁，人类总能迅速做出强烈反应（设计特征），但也很容易反应过度，部分原因在于人类很容易对事情耿耿于怀，甚至是杞人忧天（设计缺陷：详见第 7 章、第 8 章），也就是说，人类常被内心激动的情绪裹挟，无法摆脱情绪对自己的控制。

4. 内心冲突不断

对于不同的人、不同的事，我们能够做到灵活变通（设计特征），但人类与其他动物不同，总是容易陷入内心的自我纠结——不同的冲动和想法将我们来回撕扯（设计缺陷：详见第 9 章、第 10 章），无休无止的瞻前顾后、举棋不定常常导致我们内心不堪重负。

5. 人生本末倒置

无论遇到任何事情，我们都想赋予其所谓意义（设计特征），但对于出生、死亡这种事，非要大费周章地找出意义所在根本不现实——世上也只有人类才有这种困惑（设计缺陷：详见第 11 章、

第12章）。人生的意义究竟是什么？我们总爱问自己这个问题，但其实我们的探寻之路从方向上就出现了错误。

20世纪以来，可以说人类的五大认知缺陷给我们造成了前所未有的困惑，第一系统的本能和直觉已经不再适用，当今社会发生了天翻地覆的变化，已经完全不同于几千年前男耕女织的社会，与几十万年前刀耕火种的原始社会更是不可同日而语。在远古的热带荒漠，哪怕是在近代的田间地头，人类祖先的确可以凭借外界最直接的信号对威胁或机遇做出准确判断，快速的想法及情绪的驱动完全可以帮助他们驾驭自身所面临的挑战，其实，其他动物应对外界刺激的方式也是如此。但是，面对当今繁杂的世界，那套旧的认知系统已经不再适用，我们如今面对的信号已不再简单而直接，很多信息都模棱两可、出没无际，因此我们与外界的联结方式也发生了变化。往前追溯，农民曾占总人口的百分之九十，人类的生活圈子非常有限，对于当代人面临的各种困惑他们无论如何也想象不到，包括现代人如何小心翼翼地成就事业，如何抚养被社交媒体左右的下一代，如何化解核战争和气候变暖的生存危机，等等。同样，他们也无法想象今天的人类无论走到哪儿口袋里都揣着一台"超级计算机"（即我们的手机），更想象不到我们终日被各种信息轰炸的负累，还有我们在大数据时代区分有益和有害信息时所要付出的艰辛努力。从进化的角度看，所有这些外界的变化都发生在一瞬间，因而导致我们的大脑根本来不及应对，更加难以做到真正的与时俱进。

这倒不是说人类完全没办法应对全新的时代——很多事情我们都做得很好，至少说得过去。但作家赫伯特·乔治·威尔斯（H. G. Wells）早在20世纪40年代就说过，"人类的想象力已远远落后于人类社会的扩张速度及复杂程度"。后来，塔勒布也提出，人类的知识体系完全是基于旧的世界建立起来的，而现在人类社会已经发展到了一个全新的时代，只可惜人类的知识体系却没有顺应复杂的变化而做出合理的调整。叔本华对人类和其他动物的区别已经做出了充分的比较，在此，我只想补充一点：其他动物之所以活得不像人类这般痛苦，就是因为它们的本能足以应对其生存的世界，也就是说，它们大脑形成的时代与它们现在生存的时代并没有发生明显的改变。而人类则不同，我们现在所处的时代已经不再是人类当初"适应进化"的环境，而我们之前进化来的快速认知体系跟新的现实情况常常无法匹配，也就是，我们曾经赖以生存的功能特征如今已经变成了设计缺陷。

人类之所以活得痛苦，就是因为我们的想法和感受很多时候

都无法适应当今社会的现状，其背后的深层原因则是人类大脑的设计特征沦落成了设计缺陷，这一点在当代社会尤为凸显。

人类之所以活得痛苦，就是因为我们的想法和感受已经无法适应当今社会的现状。

好在人类的困境也不是无药可救，只要我们能做到之前塔勒布提到的"发挥才智、脱离苦海"，就可以从主宰我们想法和感受的古老大脑系统中挣脱出来，让困扰我们的问题迎刃而解。当然，要想脱离苦海，我们需要采取一些聪明的操作，毕竟仅凭日常意识，很难发现大脑的自身缺陷。比起人类身体上的缺陷——比如背部疼痛、膝盖无力、脚踝脆弱、牙齿易腐——大脑的缺陷常常被我们忽略。对于身体缺陷，我们可以通过后天手段加以防护，比方说搬重物时，如果我们能尽量保持后背挺直，就可以有效避免背部损伤；如果我们经常刷牙、使用牙线，就可以避免牙齿龋坏。对于自身认知设计的缺陷，我们也可以想办法补救。其他动物的限制大都源自其自身的生理特征，而我们人类的限制则来自对自身初始设置的屈从，只要我们能够摆脱对本能、直觉和自动反应的盲从，就可以获得真正的自由。

补救措施？

人类意识的复杂性确实是我们痛苦的根源，但它也给了我们一定的自由度，可以让我们在缓解自身痛苦的同时更好地适应21世纪，可以帮助我们迷途知返、改变陋习、停止自我折磨，最终成就更好的自己。话虽如此，心灵的自由绝非唾手可得之物，要想实现佛陀一样的自由，我们首先需要看清现实、认清他人、正视自我。

心理学、神经科学、物理学和哲学的智慧叠加在一起可以为我们提供各种有效的策略，帮助我们克服大脑的设计缺陷，从而解决让我们感到人生艰难的种种麻烦。不过有一点我们需要十分清楚：打败设计缺陷的所有作战部署都要仰仗第二系统，它不同于第一系统，凭借的不是直觉或本能。可以这样说，第二系统是遏制第一系统功能设计的命门（我们在下一章将对其进行详尽阐述），但充分调动第二系统是一个多方协同合作的过程，否则很难遏制第一系统激发出来的想法和情绪。我们需要找到一个新的去处，只有在那里才能摆脱执拗的直觉对我们的控制，也只有在那里我们才能看清事实的真相。我把这个地方称为"间隔时空"，至于它为什么如此重要，我们将在第2章中具体解释。

人类的大脑无比复杂，这种复杂性既是人类痛苦的根源，也是我们摆脱愈演愈烈的痛苦的有效途径。

| 导 言 |

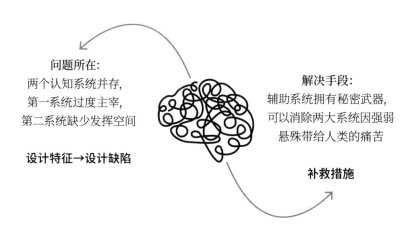

我们首先要做的（第 1 章的核心内容）就是了解造成人类困境的根源——两个思维系统的不合理配比。接下来的第二步（第 2 章的核心内容）我们要探索这一难题的解决办法：开辟并拓展"间隔时空"，只要我们能摆脱第一系统的严防死守，就可以让第二系统发挥出强大实力，帮助我们制定出克服五大设计缺陷的有效措施。我们将在接下来的章节具体探讨这五大设计缺陷及可行的应变手段。

在此，请允许我向各位发出诚挚的邀请，既然我们都是（叔本华眼中）"同病相怜的可怜虫"，就让我们一起探索人类痛苦的根源吧。除了分析原因、提出办法，我还将跟大家分享一些我个人的痛苦感受，希望能帮助大家有更加直观的了解。当然，我也希望大家能对自己遭遇过的两难境地加以反思：我们都有的过往，通过对自身经历的反思，我们可以更好地洞悉人类活在世上所要面临的各种挑战。我不能违心地说自己已经找到了解决人类所有内心痛苦的办法，但我可以帮大家总结那些著名思想家提出的最佳策略。有了这些办法，我们就可以规避大脑直觉对我们造成的限制，从而在我们面对个人或集体的挑战时，可以对大脑给出的直接却无效的反应做出认真的反思。"发挥才智，脱离苦海"每个人都做得到，而且一旦做到了，便将终身受益。当然，不得不说，这也是智人自相矛盾的一种终极体现：只有逃离自我，才能实现真正的自由，才能摆脱人类的困境。

人类活得如此疲惫，原因在于……

◎ 我们的痛苦都是自找的，

◎ 因为我们的大脑结构非常复杂，

◎ 从而导致认知的设计特征沦落为设计缺陷，

◎ 尤其在日新月异的当今社会，

◎ 我们的直接想法和感受已无法适应人类所处的真实环境，

◎ 对于大脑中那些不守规矩的部分，我们可以用强大的变通手段加以应对。

· 第一篇 ·

生而为人，困境重重

第 1 章
与生俱来的认知缺陷

在所有动物中，人类是最笨拙也是最奇葩的存在。

——弗里德里希·尼采（Friedrich Nietzsche）

人类的初始设计存在无数缺陷，就连大脑也是，问题多多。

活在这世上，无论是何种生物，只要想移动位置，都需要大脑的协调和支配。与植物或水母之类的浮游生物不同，其他生物，但凡能移动，都进化出了能帮助其分辨方向的大脑。人类的大脑虽然堪称全世界最精密的"算法压缩器"或"贝叶斯处理器"，但也需要像其他动物一样，每天消耗大量能量以维持生存和繁衍等基本功能。

如果时间足够长、发生突变的次数又足够多，大自然最终一定可以像工程师一样,经过反复调试(即自然选择)打造出一款不错的产品。但可惜的是,这位工程师还做不到尽善尽美,人类这款"产品"也因此存在很多瑕疵。我们跟其他生物一样,都是经过反复改造才一点一点变成今天的样子,功能上还存在很多缺陷。比方说,人类的喉咙有两个通道——一个通向肺部,一个通向胃部——正是这种设计导致我们吞咽食物时很容易不小心卡住气管,并因此造成了很多不幸。当然,类似的设计缺陷还有很多,大脑就是其中一个。

人类大脑中两个系统并存,二者又做不到珠联璧合,因此引发了很多问题。

人类大脑经过数百万年的塑造和加工终于拼凑成了今天的样子,自然选择在最初的原型上添加了很多新的功能,不过也因此导致了两个系统并存的结果。简单说就是:人类有一个"旧"大脑,负责在我们无意识的情况下发挥作用,还有一个"新"大脑,虽然只有10万年的历史,却是我们拥有自我意识的关键所在。如此独特的大脑结构给人类造成了许多麻烦,究其原因就是二者做不到琴瑟和鸣。我们将在本章重点探讨新旧大脑的功能:要想了解人类复杂的大脑,首先就要对这个合二为一的设计有深刻的认识。

真相一：人类大脑拥有两个系统

人类大脑同时拥有两个系统：旧大脑历史悠久，主要负责无意识思维——大部分动物都拥有这一功能，这也是人类下意识本能的基础构成；新大脑是后来才形成的系统，主要负责有意识思维——是人类主动思考的根本所在。除了人类，世上还有一些其他动物也拥有第二种思维方式，但大多只属于简单的意识思维（如大猩猩尝试使用工具），跟人类的有意识思维根本无法相提并论。话虽如此，我们必须认识到，人类的有意识思维也属于一个"全新"的系统：雏形起源于1500万年前的类人猿，有了大脑的猿猴慢慢变成了第一批作为灵长类动物的人类，最后即到了距今3万年前，人类的大脑才终于拥有了完全意识和自我意识，世界上才算有了真正意义上的现代人类。

自动思维和主动思维（也被称为人类认知的"双过程"模式）的差别显而易见，我们可以举出很多例子说明问题。比方说，人类吃饭靠的是自动思维，而做饭则要依靠主动思维；我们过马路靠的是自动思维，而制订假期计划则要依靠主动思维。吃饭、走路时，我们很少关注自己的思维过程——因为吃饭、走路时的思维过程大多是下意识进行的——但做饭、做计划则不同，我们往往需要集中精力，正是因为它们是人类有意识的行为。

对于两个思维过程的差异，心理学家已经达成基本共识，但这两个系统却被起了五花八门的名字，以下仅举几例：

自动思维（古老）	主动思维（现代）
直觉思维	分析思维
本能思维	克制思维
感性思维	理性思维
反射思维	反省思维
第一系统思维	第二系统思维

其中，"第一系统"和"第二系统"的使用最为普遍，所以我们在本书中也将使用这一对表达。

古老的第一系统和现代的第二系统的结合可谓是自然界的一项壮举，但这项工作还没有完成，迄今为止还在继续。第一系统"反应迅速"，第二系统"思路缓慢"，因此二者的配合存在很大问题，主要责任在于第一系统——即古老的思维系统——它仗着自己资格老，一直在对第二系统实施霸凌。

真相二：第一系统总爱倚老卖老

人类的活动大多受到第一系统即古老大脑的支配，它决定了我们绝大多数的想法和行为，但至于它是怎么工作的，我们却基本没什么明确意识。第一系统跟我们的心跳一样，只要我们活着，它就会工作；相比之下，第二系统虽然潜力无限，却只是偶尔蹦出来发挥一下作用。第二系统虽然战功赫赫（莎士比亚的戏剧创作、爱因斯坦的物理发现，每一样都离不开它的贡献），但与第一系统相比，它的运行速度十分缓慢，而且无法一以贯之。不仅如此，第二系统还非常容易受到外界因素的影响，如血糖浓度、睡眠质量等因素都会影响第二系统的表现。事实上，对于什么时候启用第二系统的主动思维、什么时候全神贯注地做事，我们提出的标准非常苛刻，并不是任何事情都愿意聚精会神地全情投入。

那么，人类究竟该如何判断什么时候启动宝贵的主动思维呢？研究发现令我们颇为意外：第二系统的主动思维能否有所发挥以及可以发挥到什么程度，基本上取决于第一系统的自动思维是否愿意让贤，当然也取决于第二系统对情况的判断，如果它判定形势不值得它出马，它也会选择视而不见。心理学家丹尼尔·卡尼曼（Daniel Kahneman）曾经说过："如果第一系统遇到困难，它就会召唤第二系统出面协助，以便对形势做出更为细致而具体的分析与处理……这也就是说，只有第一系统无法独自解决出现的问题时，它才会启动第二系统。"

要想了解人类大脑的功能，就必须明白这个道理，即主动思维能否发挥作用，很大程度上取决于其背后自动思维的意愿。如果没有第一系统下意识的先行参与，就不会有第二系统有意识的后期介入。

我们首先要知道，下意识思维永远都在发挥作用，而它发挥的空间自然是在第一系统。大脑调动下意识系统的速度非常快，往往在它介入后350毫秒到10秒之间第二系统才会意识到事情的存在。这也就是为什么当我们听到一声巨响时，会在第一时间被吓一大跳，而后才会反应过来原来是汽车引擎熄火。第一系统反应迅速，这对人类是一种强有力保护，也是人类能能活到今天的主要原因。不过话说回来，我们之所以常常控制不住自己的情绪而大发雷霆，也是拜第一系统所赐。

另外，我们还应该清楚大脑中做主的是第一系统，第二系统什么时候出现完全由第一系统决定，上面丹尼尔·卡尼曼的话阐述的就是这个意思。不过，我还是想再次强调一遍：第一系统是否会启动第二系统，完全取决于前者对事情的判断，也就是说，如果第一系统断定事情十分复杂，解决它需要第二系统的变通和审慎，它才会给第二系统出手的机会。相反，如果第一系统觉得一切尽在掌控（比方说吃饭、走路这些不用费脑子的事情），它就不会烦劳第二系统出面，这样可以节省很多宝贵的精力。

最后一点同样很重要：第二系统不仅总是姗姗来迟，而且就算受邀出现，也常常一头雾水，根本见不到第一系统的身影！人类有意识的思考都源自下意识的想法和动机，但它们都隐藏得很好，很难被前者发现。这也就是说，第二系统想要靠近第一系统并向其发起挑战，简直比登天还难。

第一系统着实十分强大——人类真的很难摆脱下意识和自动思维的束缚——针对这一事实，心理学家们甚至创造出了各种比喻手法来描述其不可撼动的主导地位。

大卫·伊格曼 （David Eagleman）	人类的意识就像一个乘坐轮船的偷渡客，明明得到了好处，却不懂得向运行轮船的庞大工程系统表达感谢。
乔纳森·海特 （Jonathan Haidt）	自动思维就像一头巨象，而有意识思考则像骑在象背上的向导，总想哄骗大象按照自己的意志行事。
史蒂芬·平克 （Steven Pinker）	意识思维就像一个公关专家，其职责就是为无意识引发的各种行为编造出合理的解释。
欧文·弗拉纳根 （Owen Flanagan）	意识就像一个有名无实的总统，拥有地位和公认的权威，但事实上，它的功能不过是对下意识的实际工作和输出加以阐释。
丹尼尔·韦格纳 （Daniel Wegner）	我们或许觉得自己是在自由选择，但事实上所有决定都是下意识的产物，我们只不过"被告知"了最终的结果。
丹尼尔·卡尼曼 （Daniel Kahneman）	第二系统不过是个配角，却总误将自己当成主角。事实上，人类大脑的第一系统影响力更大，它就像是一个秘密作家，很多选择和判断都是它的作品。

虽然有些心理学家认为主动思维不过是被强大的下意识所摆布的一颗棋子，但大多数专家还是相信，有意识的主动思维也可以对下意识行为产生一些影响，否则就不会有任何所谓的自由意志，人类也不可能改变旧有的习惯或重新制定人生的目标。不过，话说回来，人类想要获得自控力并不是件容易的事，

因为第二系统总是遭到第一系统的压制，这也就是为什么即使第二系统已经告诫我们要节制，但由于第一系统作祟，我们还是会忍不住暴饮暴食；即使第二系统已经意识到发火只会令冲突升级，但由于第一系统作祟，我们还是很难控制住自己的情绪；即使第二系统知道我们睡眠不足，但由于第一系统作祟，我们还是会熬夜、没完没了地看电视。这也就是说，面对复杂问题时，第二系统本该出马，但还没等到它出现，第一系统已经大刀阔斧地采取了行动，并在所到之处插满了"任务已完成"的大旗。

> **面对复杂问题时，第二系统本该出马，但还没等到它出现，第一系统已经大刀阔斧地采取了行动，并在所到之处插满了"任务已完成"的大旗。**

由此可见，每次当我们要处理复杂问题时，第二系统能否出现完全取决于第一系统的心情，这也导致第二系统不仅会姗姗来迟，还常常无法了解第一系统的用意。再加上第一系统总爱倚老卖老的习惯，第二系统很可能随时被判出局！第一系统只要觉得自己可以掌控事态，就会拿出独门武器——让我们产生内心笃定的感觉——这样便可以顺理成章地将第二系统赶出场外。

真相三：第一系统搞定问题的方式是让人感觉内心笃定

第一系统如果觉得自己不需要第二系统的帮助，就会催生出这种感觉——对，没错，就是让我们感觉心里有底——但我们必须知道，笃定只是一种内心的感觉，并不意味着问题真的得到了解决。第一系统按照自己的方式处理完问题后，我们心里没底的痛苦就会消失，取而代之的就是内心笃定的安慰和轻松。塔勒布曾经说过，第一系统总是将这种感觉用作强有力的武器，因而导致人类难以摆脱自身生理结构的限制。摆脱对定数的执念是我们对抗自身本能（第一系统）最艰难的一仗（第二系统）。无论是烟酒、糖茶，还是性感美女，都不及我们渴求笃定的欲望来得强烈。我们将在本书第5章对人类对定数的执念做更加深入的探讨，在此我只想强调一点，那就是人类下意识的思维系统非常善用内心笃定的心态，并把它作为武器操控主动思维，从而劝退第二系统，并阻止我们将更多精力投入到积极思考中去。第一系统的这种做法堪称屡试不爽……好在我们也不是没有办法应对。

**无论是烟酒、糖茶，还是性感美女，
都不及我们渴求笃定的欲望来得强烈。**

超越元认知：五大认知缺陷及应对策略

真相四：第一系统缺乏自我意识

第一系统和第二系统的合作之所以存在很大问题，其原因在于第一系统的下意识一直占据着主导地位，可很多时候它根本没办法凭借自身能力对事态做出准确判断。第一系统凡事都想做主，以为自己是万事皆通的专家，对自己能力欠缺的事实缺乏足够的认识。

人类为什么总是陷入自我纠结中无法自拔呢？罪魁祸首就是自动思维。自动思维虽然在关键时刻可以帮我们保住性命，但它

- 对于我们面对的与日俱增的复杂问题却毫无准备；
- 对于如何提升我们总体的幸福感更是束手无策；
- 尤其对上述两个缺点缺乏最基本的认识。

人类大脑能进化到今天的水平并不容易。不过，远古世界虽然危险，却什么事情都显而易见：对面冲来一只老虎，证据清楚、事实明白，你不会对眼前的情况产生任何困惑或不解。远古时候，一切都简单直接，不需要我们前思后想，大脑可以从容应对各种威胁和机遇，只要我们的反应足够迅速、果断，我们就可以安全地活下来。迅速、果断不仅可以帮助人类躲避热带草原捕食者的追踪，还可以帮助我们安全通过繁忙的街道、避开危险的社区。

第一系统的功能正好适用于解决这些可以预判的常规麻烦，瞬间就可以做出好几百个这样的决定。

但是，随着人类大脑不断演化，随着主动意识逐渐形成，我们也学会了发明创造，也懂得了彼此分享的重要性；随着人类的进化，世界变得越来越复杂，我们先后经历了农业、工业和信息时代，现在又迎来了前所未有的数字革命。当今世界，大多数人都生活在人口稠密的社区，每个人都默默挣扎着解决自己遇到的复杂问题。很多问题的复杂程度，对于我们那些生活在并不遥远的过去、居住在彼此相熟的社会的祖先来说，根本无法想象，更不要说得到他们的理解了。第一系统解决问题时靠的是常规、重复的反应，所以它只能解决可以预见的问题；对于复杂的麻烦，第一系统则显得非常力不从心，因为每个复杂的问题都不尽相同，也因此超出了第一系统的能力范畴。要想搞明白究竟是哪些因素导致了复杂问题的产生，需要耗费大脑大量的时间和精力——不过这正是第二系统擅长的地方，前提是第一系统允许第二系统出手相助。实际情况又如何呢？问题就是：第一系统常常拒绝发出邀请，它天生就果断决绝，哪怕出现再模糊或再复杂的问题，都很难让它知难而退。只要可以快速找到权宜之计，只要不用耗费太多精力，不管得出的是什么结果，第一系统都会非常自信地将事情盖棺定论，俨然自己是一个得心应手的专业人士。然而，在当今社会，第一系统这种自我感觉良好的果断和决绝已经非常不合时宜，它总是低估问题的复杂程度，却高估自己的能力。人类如今面临的人际困惑及社会挑战早已不似从前，单凭第一系统的独立工作已经无法妥善处理：你可以想想自己最近一次情绪爆发是因为什么，最近一次辗转反侧、夜不能寐又是因为什么；或者，你也可以看看左右两翼的政治分歧，就能明白我的意思。

人类与其他动物不同，我们犯下的很多错误都源于主动疏忽，因此完全可以避免。

其他动物解决问题时，大多只需要第一系统做出反应，第一系统与它们配合得十分完美。首先，动物大脑完全能够适应自身所在的环境（它们如今的生存环境与大脑进化时期所处的环境并没有发生实质性的变化）；其次，动物也不必因为第一系统和第二系统的矛盾而遭受痛苦的纠结。这样看来，人类真的很可怜，第一系统和第二系统常常针锋相对，因此给我们造成了无尽的专属于人类的痛苦。类似的例子不计其数，包括我们用理性拒绝第二份甜品时的挣扎，我们压抑大手大脚花钱欲望的克制，我们强压心头怒火的隐忍，这些都是第一系统和第二系统发生冲突所造成的问题。两个系统的矛盾由来已久，常常引发各种负面情绪，包括沮丧、焦虑，甚至是抑郁。当我们不得不屈从于第一系统的决定时，我们更会因为意志不够坚定而懊恼：减肥没成功、信用卡被刷爆、对爱人口不择言，这些都会导致负面情绪的爆发。其他动物根本不需要对任何事情纠结，而人类的焦虑大多来自内心的矛盾——这一设计缺陷我们将在第9章、第10章详细阐述。

人类祖先对大脑的运用已经算得上得心应手,但是到了21世纪的今天,我们反而开始犯一些本来可以避免或完全由于自身失误而造成的错误。我之所以说这些错误是源于自身的失误,是因为我们本来可以做得更好,我们有变得更加聪明的潜质,这一潜质就基于我们即将讨论的第五个要点。第一系统和第二系统的工作方式各不相同,后者有一种特有的主动思维的模式,名为"元认知",它为人类"脱离苦海"提供了一种出路。

真相五:第二系统的独门武器

"元认知"是人类较晚进化出来的一种意识形式,也是第二系统独有的优势所在。元认知的思维方式针对的就是思维本身,不用受到外界任何事物的影响。当我们思考下列问题时,我们就是在启动大脑的元认知功能:我该如何控制对甜食的欲望?我不明白为什么那次谈话让我如此难过?这个过程让我们可以从自身的想法和感受中抽离出来,从而获得更加缜密的观察。

第一系统虽然总是躲在幕后,但它下意识的操纵手段却多种多样,人类的本能、习得的技能、情感的反应和道德的偏好都是它的手段。事实上,第二系统也存在不同的形式,比方说,它在解决数学题时的专注程度与谈判加薪时的专注程度截然不同。问题的症结在于第一系统永远在线,而第二系统的参与程度却没有一定之规。对于一些日常活动，第一系统已经驾轻就熟，所以不太需要第二系统出马，这也是我们在分拣脏衣服或开车走熟悉线路时专注程度不用很高的原因。相反，如果我们要思考一个棘手的难题，或是就一个有争议的问题与他人争辩，我们就需更大程度地仰仗第二系统。第二系统的元认知具有自我反思的能力，只可惜我们很少能充分发挥这一功能，即很少问自己一些深刻的问题，如我得出的结论可靠吗？是建立在足够多的依据的基础上吗？对于这件令我难过的事情，我可不可以对它做另外一种解读？我有没有排除个人的偏见？

第一系统的主导地位确实可以在关键时刻拯救我们的性命，但不得不说，它也是导致人类困境的根源所在——因为有些事情第一系统根本驾驭不了，却还要执意插手。但我们也不用太悲观，大脑的进化为我们提供了一款非常实用的软件，使得我们可以对自然选择构建的操作系统加以调适，这款软件就是第二系统的元认知——它可以帮助人类对自己的感受、欲望和想法做出较为正确的判断。总结下来我们可以发现，虽然第一系统有非常强大的武器，即内心笃定的感觉，但第二系统也并非手无寸铁，它有独门武器——元认知的加持。

元认知是人类摆脱内心纠结的重要手段，
但不通过学习和训练，很难将其运用得得心应手。

元认知是人类区别于其他动物的重要标志。虽然大猩猩有时也会调动第二系统的思维，包括具有一些低级的自我意识，但只有人类能够充分发挥第二系统的全部功能，包括一些有悖本能的意识。也就是说，正是因为元认知的存在，我们才可以超越个人的好恶和想法，才可以更好地审视自我。元认知是人类摆脱内心纠结的重要手段，可以让我们摆脱第一系统的掌控，让我们反思并应对第一系统的缺陷。此外，它还可以帮助我们拓宽意识维度，充分认识到人类的五大认知缺陷，从而用真正意义上的第二系统思维去规避上述缺陷带给我们的困惑。

要想发挥元认知功能，我们得先解决另一个难题，那就是如何确保第二系统及时登场，否则，就算我们有再多策略，也无法应对自身认知的缺陷。换句话说，如果我们想要摆脱第一系统的主导地位、积极应对其设计缺陷，就必须启动元认知功能。具体该怎么做呢？我们的大脑中有没有一个后门，可以让第二系统即使得不到第一系统的授权，也能偷偷登场发挥作用呢？当然有了。

关于人类大脑，你必须知道的两件事：

人类大脑的设计极其复杂，导致其设计特征很容易沦落为设计缺陷。

对于那些会导致人类内心痛苦的缺陷，我们可以找到变通的应对手段。

第 2 章
无所不能的元认知策略

人类并非"神灵"之作，只不过是一种更高级别的动物……
尽管如此，人类在所有动物中绝对是一种最特别的存在。
——弗里德里希·尼采（Friedrich Nietzsche）

跟其他动物相比，人类大脑拥有一个制胜优势，
即更广阔的"间隔时空"。

查尔斯·达尔文（Charles Dwarwin）曾经非常明确地指出："人类与高级动物的大脑虽然存在差异，但就本质而言并没有什么不同。"当然，不是所有人都认同他的说法，至于"二者的差异究竟是本质上的，还是程度上的"，业界展开了广泛的讨论：

人类与其他动物之间的区别是根本性的吗？比鱼类与大猩猩之间的区别要大吗？人类的认知系统经过漫长的进化，如今已经发展得越来越复杂，心智能力也比其他动物丰富而强大得多。如果不考虑宗教的因素，我认为"本质差异"与"程度上的巨大差异"之间并没有实质性的区别，因而这场争论在我看来很难得出有价值的结论。我反而觉得另一个辩题更加值得大家关注，那就是人与动物在语言发展、假设推理、社会协作、发明创造、文化传承等方面究竟存在怎样的差异。谈到具体差异，我们可以列举出无数个例子，比较心理学家做过多少个比较研究，我们就可以在人类与动物之间找出多少个具体的差异。

我之前提到过我对二者差异的看法：人类可以反思自己的思想，但其他动物却做不到。在我看来，这就是二者最本质的区别。我们可以将自己从意识流中抽离出来，对其加以观察和审视，而其他动物无论如何也做不到这一点，它们无法实现这种将元认知发挥到极致的自我超越。相比之下，人类可以实现不同程度的认知控制，也因此拥有更大程度上的自由——即人类可以选择以什么方式回应来自外界的刺激。人类的这一能力非常了不起，事实上，如果真有必要探讨所谓"人类最伟大的思想"，那元认知至少可以与进化论和相对论这些概念齐名。当然，如果你是一个有神论者，坚信这世间最伟大的思想应该关乎上帝、耶稣受难、因果轮回或梵学，那我想问问，你心目中第二伟大的思想又是什么呢？

元认知定义了我们做人的意义——担当、潜能和责任。与进化论和相对论不同，元认知理论的提出无法归功于某一位天才，千百年来，有太多思想家曾以各种方式表达过类似的观点，只是有的人的表述更加简洁中肯罢了。在此，我想在前人的基础上总结出一个更加凝练的说法，即：**刺激与反应之间存在着一个"间隔时空"，走进去，我们就可以获得真正的自由。**

在此，我们可以对这句话稍做解释，以让它更加简单易懂："在刺激与反应之间存在一个空间，走进去，我们便可以拥有更加强大的力量，便可以主动选择应对刺激的方式。我们能否实现个人成长、能否获得真正的自由，完全取决于我们应对外界的方式。"这句话流传甚广，你或许也听过，只可惜竟然没有人知道这句话的真正出处！大多数人都认为这句话出自大屠杀的幸存者——心理学家维克多·弗兰克尔（Viktor Frankl），他于1946年出版了《活出生命的意义》，时至今日，这本书仍然十分畅销，并被翻译成多种语言。但经过对其所有作品的仔细研究，我们很遗憾地并没有发现类似的内容，他也没有在任何其他场合讲过类似的话。几十年前，弗兰克尔的拥趸——作家史蒂芬·柯维（Stephen Covey）在某一本书中读到了这句话，觉得这句话概括了其偶像的核心观点，于是即刻把它记录在了本子上。只可惜，柯维后来怎么也想不起自己是在哪里读到了这句话，原作者是谁更是被他忘得干干净净。

我们暂且撇开这句话的神秘出处不谈，你心里或许也在琢磨，

超越元认知：五大认知缺陷及应对策略

"嗯……我也听过弗兰克尔这个人，也听过这句话"，又或者你在想，"我甚至读过弗兰克尔的书……他确实提到过我们都可以像他一样，选择做一个拥有何种心态的大屠杀幸存者，选择用什么样的方式来应对外界的刺激。你说的这些，我都明白"。我想告诉你的是，这句话的意义绝对不止于此，很多人并未真正领略到其重要的价值。这句话简洁凝练、直击人心，但我们不能因此而忽略认知控制的复杂性和重要性——人类能否获得终极自由完全取决于我们能否发挥元认知的能力，能否在对外界做出反应之前停下来审慎地思考。

非常抱歉地告诉各位，人类要想启动并充分发挥元认知功能并非易事。如今我们已经知道了元认知的威力，可以说它已赢得了足够的关注与荣耀，但它的得力助手却常常被我们忽略。要知道，如果没有它的助手，元认知根本无法发挥本领。好在那位神秘的作者独具慧眼，提出了一个了不起的观点：要想发挥元认知的功力，我们决不能忽视**"间隔时空"**。

如果我突然向你扔东西，你会本能地做出反应，要么闪开，要么护住自己的身体。从你感觉到有物体朝你飞过来到你做出反应，只是一瞬间的事——也就是说，你受到刺激和做出反应之间的"间隔时空"几乎可以忽略不计。但是，如果我问你一个需要认真思考的难题，比如，"你最近的两次度假，哪一次让你更开心？而具体的原因又是什么？"我想这时候你很难立即做出反应，相反，你会花些时间厘清自己的思路，并动用第二系统思维对两个假期做出比较。简单来看，这段你用来思考的时间就是我们所说的"间隔时空"，即受到刺激与做出反应之间的时间差。

"间隔时空"听上去似乎没什么新鲜的，就连猫在决定从栅栏上跳下之前也都知道要先停下来想一想。没错，猫暂停的举动也算是一种间隔，但对它进行研究的意义并不大，因为它的暂停并非主动的选择而是被迫之举，跟人类大多数情况下的被迫反应一样。人类在遇到难题时就会自动慢下来，因为第二系统的分析性思维比第一系统的本能来得要慢，所以我们做出很多反应之前也会跟猫一样，本能地停下来判断一下。

值得我们研究的是人类做出的那些刻意的停顿，是我们主动停下来花时间思考的那些情况——我们会告诉自己不要急于做决定，因为此刻自己本能的反应可能并不可靠。我刚才说了，只有这种情况才值得我们研究，比较心理学家也说过，其他动物不会主动停下来花时间思考，有时候，它们即便停下来，也只是因为本能的需要。它们不会反思自己处理问题的心理能力；它们之所以会放慢速度，只是因为形势所迫，自身并不会对停下来的必要性做主动的思考。当人类把自己作为思考者纳入意识范畴，当人类不仅思考特定场景的外部因素还主动反思自身处理问题的内在能力时，我们就是在发挥元认知功能，而这些，其他动物根本做不到，因为它们没有元认知能力。

当我们有意识地做出选择时，不仅为自己留出了更多的"间隔时空"，而且还可以更好地利用元认知对事情做出更加准确的判断：因为我们可以将自己抽离出来，找到一个内省的批判视角，从而更好地观察自己的所思、所感以及对外界所做出的反应。每次当我们发出如下感慨时，都是在启动人类特有的元认知功能：我要给自己留些空间，冷静一下，好好想想眼下的情况，厘清想法和感受，这样才能避免个人的偏见和情绪的过激。这个从无意识的第一系统思维过渡到有意识的第二系统元认知的过程非常值得研究：在这个过程中，人类将自身作为观察者纳入主动意识的思维范畴，同样也是在这一过程中，我们开启了更多可供选择的可能性，从而有效发挥了人类特有的认知控制能力。

要想获得人类这一特有的自由，就必须启动"间隔时空"，只有在这个空间里我们才能与外界刺激拉开足够的距离，才能相对客观而全面地对其做出判断。人类的"间隔时空"与猫咪的被动暂停不同，它专属于我们人类，还可以向外拓展。但是，话说回来，主动分析自身大脑的弱点和缺陷本来也不是人类的本能，所以操作起来并不容易，需要我们找到足够的空间以及合适的视角来审视自己。如果你无法摆脱认知缺陷的束缚，无法以第三者的视角看待自己与外界的互动，你就无法对人类的认知缺陷获得真正的认识。

在那位提出"间隔时空"的神秘人士看来,人类不同于动物,我们可以在刺激和反应之间拓展出更大的时空,从而最大限度地发挥元认知的功能并获得更大的选择自由。"间隔时空"之所以重要,甚至拥有至高无上的地位,究其原因就在于:它不仅定义了我们做人的意义,而且还激励我们成为更加优秀的自己。具体的方法我将在本书中一一阐述。

说起来容易,做起来难。人类很少能真正做到在刺激与反应之间留出足够的时空,也因此被迫放弃了很多本属于我们的自由。下图向我们展示了我们与其他动物之间的差异以及我们与人类终极潜能之间的差异:

其他动物	人类	人类潜能
刺激→反应	刺激→○→反应	刺激→◯→反应

不过,我们必须意识到上图的概括过于简单化了。首先,许多动物在做出反应之前也会有所犹豫(比方说,猫咪会思考是否要跳下去),所以公平地说,我们应该将有些动物纳入我们考虑的范畴,即使它们的思考并非主动作为,其大脑中也可能存在所谓的"间隔时空"。另外,同样为了公平起见,我们也必须清楚

人类面对刺激时，大多数的反应也是即时性的；只有面对某些特定刺激（即当第一系统召唤出第二系统）时，我们的思考才会格外谨慎和周全。基于上述两个原因，我们有必要将上图细化，这样才能反映出颗粒化的细节差异。

通过上述对比我们可以发现："间隔时空"不仅可以将人类与其他动物区分开来，还可以将最高效、最幸福的人类群体与其他人类群体区分开来。解决人类困境的所有方案和策略都取决于我们能否有效地利用"间隔时空"。

"间隔时空"的神奇之处

"间隔时空"对人类的幸福起着至关重要的作用，具体原因有以下三点。

第一，我们需要让过于活跃的大脑平静下来。人类区别于其他动物的一大特点就是我们常常为某件事情纠结不已，但即使我们绞尽脑汁，很多时候做的都是无用功，除了引发痛苦之外没有一点好处。生而为人，我们无时无刻不感到生活的压力（这与其他动物形成了鲜明的对比，其他动物的压力大多发生在特定情境之下）。问题的关键是，人类这种无时无刻的压力完全是咎由自取，也正因如此，灵长类动物学家罗伯特·萨波尔斯基（Robert Sapolsky）才将其作品命名为《斑马为什么不得胃溃疡》。因为我们无法彻底关闭大脑的功能，所以每当感觉情绪即将失控时，我们都需要一个可以转移注意力的空间，只有走进"间隔时空"，我们才可以停止胡思乱想，消除焦虑。

"间隔时空"不仅可以将我们与其他动物区分开来，还可以将最高效、最幸福的人类群体与其他人类群体区分开来。

第二，只有借助"间隔时空"，我们才能给第二系统创造一个发挥的机会，让它可以启动"慢思考"的独特方式去面对外界的刺激。要知道，第一系统的直觉常常与现实情况不符，但因为它一直占据主导地位，所以如果没有"间隔时空"的存在，第二系统很难找到发挥的空间。这也就是说，我们需要这样一个空间，让第二系统有机会发挥威力，并实施具体的策略帮助我们克服认知上的设计缺陷。这些策略无法在第一系统中自动出现，需要"间隔时空"作为开发和实施的载体（我们将在后续"补救措施"的章节对这些策略做详细的探讨）。

不过，我们必须清楚地认识到，"间隔时空"绝不只是一个任由我们放入平和、宁静的情感和优秀的想法的容器。我们之所以需要这样一个空间，第三个理由就是我们需要它帮助人类实现一种过渡，摆脱惯常的离散思维，开启专属于人类的元认知审视：在这里，我们不再关注外界，包括他人；在这里，我们开始拓宽意识的领域，开始审视大脑的运作方式，并开始寻找让它为人类更好服务的办法。所有能够增强我们认知控制的策略都离不开元认知的能力，只有它可以帮助我们实现自我观察，而"间隔时空"之所以重要，就是因为它为元认知能力的发挥提供了巨大助力。

从狭窄视角到广阔视角的转变让我们将自己也纳入了思维的范畴，我们因此成了体系中的思考者，有人把这一转变的过程称为"走到瀑布后面""进入飓风中心"或"获得鸟瞰视角"。站到瀑布后面，我们可以看到情绪和纠结的洪流从我们面前倾泻而下；进入飓风平静的中心，我们可以目睹周围情绪的过激表现；高高地飞到天上，我们可以观察下面内心的疯狂。我们可以选择站在瀑布后面（或走进飓风中心，或获得鸟瞰视角），这样就可以让自己从想法和感受的旋涡中解脱出来；走进"间隔时空"，我们就可以摆脱头脑中的混乱和迷惑，那里十分平静，为我们提供了必要的空间，让我们可以构建更为成熟的想法，并将其转化为对外界刺激更加有效的反应。与其对他人口不择言让事态恶化，与其沉浸在愤怒纠结中自怨自艾，与其笨拙地应对复杂的难题不知道会引发什么样意想不到的后果……与其犯下这些由于自身失误所造成的错误，不如走进"间隔时空"。只有在那里，我们才有机会变得更加聪明——在那里，我们可以更加清楚地意识到第一系统的陷阱，可以更加精明地规避认知设计的缺陷，可以更加娴熟地应对复杂的世界。

正是因为有这三点好处，"间隔时空"才更显难能可贵。

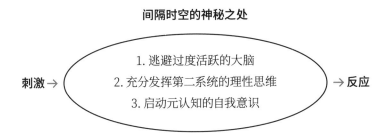

"间隔时空"宛若认知系统开启的一道后门，前门虽然一直被第一系统严防死守，但"间隔时空"可以为我们提供一个新的入口。话虽如此，事情也并不像想象的那么简单——并不是说有了"间隔时空"，第二系统可以轻松蒙混过关，要想智胜第一系统，我们需要悄悄完成两个操作。第一步是拓展"间隔时空"：因为第一系统喜欢用尽可能少的精力和尽可能短的时间完成认知任务，所以我们必须得走到瀑布后面、进入飓风中心或是获得鸟瞰视角，只有这样才能保证第二系统有更多的机会出场。一旦进入了"间隔时空",第二步要做的就是借助复杂的认知策略推翻第一系统发出的指令。总结来看,第一步是要弄清楚何时及如何拓展"间隔时空",第二步是要搞明白进入"间隔时空"后我们该何去何从。

操作一:启动"间隔时空"

启动"间隔时空"可以分为两步走:首先要通过自我抽离打开一个空间,然后再通过审视当下的想法和感受将这一空间向外拓展。第一步只需一点元认知能力就可以完成,第二步则需要开启更多元认知的功能。

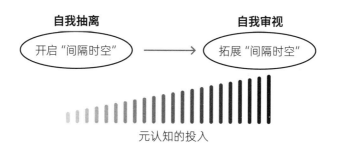

第二系统的元认知功能可以帮助我们实现自我抽离——即跳脱出自身的想法和感受,打造出一个空间,然后作为旁观者来观察现实的情况。一旦我们把元认知请进门,接下来要做的就是把注意力转移到内心的纠结和情绪上,这样一来就可以将空间向外延展扩大。简单说就是,我们先要通过自我抽离的方式开启空间,然后再通过自我观察的方式将空间扩大。

　　自我抽离的方法很多，除了前面提到的"走到瀑布后面""进入飓风中心""获得鸟瞰视角"，我们还将在第 8 章（走进"间隔时空"）的相关部分介绍更多技巧给读者，因为我知道，自我抽离并不容易，尤其是当过激的情绪已经蒙蔽了你的双眼，让你无法做出正确判断时——即当你的情绪已经不由自主的时候，要想做到抽离，确实需要一定的技巧和手段。在此我想先提一点：实现自我抽离的办法确实很多，但最为稳妥也最管用的办法就是先从关注自己的呼吸开始。专注呼吸是打开"间隔时空"最简单的方法；你要做的事一点也不复杂，更谈不上深奥，你只需要注意自己的吸气和呼气——关注一呼一吸间自己鼻子和胃部的感受。你不妨现在就跟着我一起试一下：

> 　　闭上眼睛，用鼻子慢慢地呼吸，把全部注意力放到鼻子和胃部，让呼吸慢下来，这样重复两到三次，保证每次呼气都比吸气更长一些。

　　就这样，通过刚才一系列的动作，你已经开启了"间隔时空"（或者也可以这样说，你刚刚已经脱离了大脑的交感神经系统，进入了大脑的副交感神经系统）。

　　关注呼吸可以让思绪慢下来，挣脱思想旋涡的摆布——也就是说，你可以与外界刺激拉开距离，让自己走到瀑布后面、进入飓风中心或是获得鸟瞰视角。当然，也不是一定要这么做，有时候，你只要专注呼吸就可以开启"间隔时空"。你甚至可以把吸气的过程想象成在大脑中缓慢轻柔地吹起一个大大的泡泡——而这个泡泡就是你的"间隔时空"。

为了让第二系统与第一系统正面交锋，而且处于不败之地，我们需要一个足够大的"间隔时空"。开启后，我们要做的就是激活"观察自我"，这样才能把空间向外扩大，而作为元认知的"观察自我"才能帮助我们做出正确判断，一旦发现第一系统把我们领错了方向，元认知便可以调动出更多第二系统的功能，最终完成第一系统没耐心完成的艰难工作。"观察自我"具有很强的观察能力：对外界发生的情况具有强烈的好奇心，因此能够做出正确的判断。它不仅会好奇我们当下的想法或感受，还会评估这些想法和感受的合理性和利弊。比方说，如果我被某人的话气得火冒三丈，"观察自我"可以帮助我们做到三思而后行，你确定自己没有误解对方的意思吗？你甚至可以追问自己，眼下生气真的有用吗？生气能够帮我解决问题吗？还是只会让我更加难过，甚至刺激我做出傻事？亲爱的读者朋友，接下来请跟我一起做如下练习：

> 首先，闭上眼睛，专注呼吸两到三次，帮助自己开启"间隔时空"。想象自己正处在风暴中心，四周风暴翻滚，但你却心如止水。把注意力放在自己的思绪上：

哪些想法或愤懑正在侵扰你宁静的空间——如果不加控制，你的思绪会游移到什么地方？对于那些突然冒出来的毫无来由的想法或感受，你会感到惊讶吗？"观察自我"如何看待那些令你分心的事——令你无法集中精力的是令人开心的好事还是令人焦虑的困扰？

此刻，你已经完成了拓展"间隔时空"的任务。

接下来要做的就是自我抽离和激活"观察自我"，这件事做起来也不容易。我们已经习惯于自己的惯性思维，想要跳脱出来的确很困难。面对自己的想法，我们总是处于非常被动的地位——无论它们表现出什么样子，我们总是毫不犹豫、毫无置疑地全盘接受。虽然每次遭遇困难或疑惑时，我们也会停下来反思，但暂停与否、暂停多久，这些基本上都是第一系统说了算。然而，我们已经知道，第一系统就喜欢匆忙行事，还特别容易情绪激动，也因此常常导致我们的情绪崩溃，甚至做出一些愚蠢行为。因此，我们非常需要第二系统的介入，需要它更频繁、更深入地参与我们的决定，而不是被第一系统招之即来，挥之即去。这就是为什么我们需要一个更大的"间隔时空"来帮助我们完成这一复杂的任务。

我们已经习惯于自己的惯性思维，
想要跳脱出来的确十分困难。

超越元认知：五大认知缺陷及应对策略

我相信大家已经知道该如何开启并拓展"间隔时空"了，但有一个问题我们还没有解决，那就是：如何判断我们是否需要打造"间隔时空"？我们怎么知道第一系统已经力不从心却又不愿承认呢？

标准并不难找，一旦遇到下面两种情况，就意味着我们需要开启"间隔时空"：第一是警报拉响，第二是复杂性升级。

1. 警报拉响

警报一旦拉响，我们想要忽视也忽视不了。但是，要想准确识别并正确应对，还是需要经过一番认真的练习。所谓警报，究竟是指什么呢？指的就是情绪的困扰，不管是哪一种情绪困扰，只要出现了，就意味着警报已经拉响。

第一系统总会催生出各种各样的情绪，并促使我们采取行动。如果你感受到一股强烈的负面情绪，这就说明第一系统发现了有待处理的问题。但是，第一系统很容易反应过度，如果我们足够聪明，可以将它的这一特点为我所用：强烈的负面情绪就是大脑向我们发出的一个信号（只可惜大多数人都对其视而不见），就是在告诉我们事态可能正在朝着一个对我们不利的方向发展。

举个例子吧。当我们坐在车上遇到交通拥堵时，就会感到愤怒和焦虑一股一股地涌上心头，这就意味着第一系统想让我们采取行动。然而事实上，面对拥堵，我们其实什么也做不了。再举一个例子：开车时遇到有人插队，径直切进了我们行驶的车道，我们的直接反应就是勃然大怒，第一系统也会教唆我们以其人之道还治其人之身。这也就是说，当我们感到恼怒、焦虑、暴躁、嫉妒，尤其是感到愤怒时，我们其实是在原本事件的基础上获得了一个额外的信号，我们要认真对待自己的情绪波动——这时候，我们需要关注的不是具体的后果，比如交通拥堵会导致我迟到，或这个人的做法让我很生气；相反，我们要学着关注自身的感受：情绪波动为我们拉响了警报，我们可以利用它来启动第二系统的元认知和自我观察功能。比方说，我们可以这样想问题：我明明对堵车这件事无能力为，为什么还要为此动怒呢？或者对方究竟说了什么话让我如此难过？要想从当下的情绪中抽离出来，首先要做的就是留意到情绪的存在，一旦实现抽离，我们便可以开辟出"间隔时空"，并调动出"观察自我"，而"观察自我"通过审视我们的所思所感，又可以把"间隔时空"不断向外拓展。

强烈的负面情绪其实就是为我们拉响的警报，它在提醒我们已经到了应该开启"间隔时空"的时候。

负面情绪 = **警报拉响** = 启动"间隔时空"的信号

反应过度虽是人性的自然表现，但它对我们的成长非常不利，

超越元认知：五大认知缺陷及应对策略

我们将在第 7 章和第 8 章对其进行深入探讨，包括如何通过冥想逐渐摆脱第一系统对我们情绪的挟持。在此，我们先来说说冥想的一个小缺点，即它顶多只能完成一半的工作。冥想可以有效地激活第二系统的元认知，这一点毋庸置疑，因为它不仅可以让我们内心平静，而且还能促使我们探究消极情绪的来源。但是，冥想不是万能的，只靠冥想并不能有效开启第二系统；事实上，大多数形式的冥想练习甚至是在遏制第二系统的分析性思维。要想对抗第一系统的本能反应，没有理性的分析根本不可能完成。关于冥想的话题，我们将在后文加以详述。

要想开启"间隔时空"，首先要留意到情绪的波动，然后再依靠"观察自我"将空间不断向外拓展。

2. 复杂性升级

开启"间隔时空"的第二个信号是复杂性升级，但这件事甄别起来可不容易，因为复杂问题的出现并不总会伴随情绪的波动。面对复杂的问题，我们很可能产生误解（关键是我们不仅不会自我反省，还会为错误的判断扬扬自得。别忘了，第一系统最爱用的武器就是让人感觉内心笃定）。

所谓"复杂性"指的是"一个复杂的问题系统"。世间万物都可以被视作复杂的系统——系统内部各部分之间会发生相互作用，只不过有些系统会比其他系统更加复杂，而所谓的复杂性指的就是系统内各部分之间相互作用得更加繁复,想要破解出彼此的关系也更加困难。我们可以举例来看:假设有只老虎正向你发起进攻,你和老虎之间构成了一个比较简单的系统,信号清晰、结果明确(对你十分不利)。而相较而言,你针对一个难题与他人进行谈判也构成了一个系统,只是这个系统解读起来不像你跟老虎的关系那么简单,系统内各组成部分的相互作用可能导致很多不同的结果,具体如何很难预测,取决于多种因素,包括:对方是否能够保持理性?双方互动时是否情绪激动?对方会如何解读你的优势?采取不同策略分别会引发对方怎样的反馈?可以这样说,所有人际的互动都具有很强的复杂性,因为人比老虎复杂得多,因而人和人构成的系统也更加难以预测。公共政策的制定、企业战略的规划,这些任务往往都很复杂,因为涉及的人各式各样,所以很可能产生意想不到的后果。与之类似,我们的事业、爱情、家庭,每一样经营起来都不简单,可以说除了复杂还是复杂。这个世界很多时候都不会配合我们的想法,我们一直在其中跌跌撞撞地前行,要想实现个人抱负、满足个人需求,难免要遭遇一些复杂的问题。

而且,很多复杂的问题并不会引发情绪的波动,因此无法用警报拉响作为开启"间隔时空"的时机。要想找到启动的信号,我们必须变得更加细腻、更加敏锐:一旦我们觉得面对的事情并不简单,这或许就是我们开启"间隔时空"的信号。

复杂难题 = 启动"间隔时空"的信号

如果我们很难预测问题的处理结果,便基本可以确定该问题具有一定的复杂性,因而需要我们谨慎对待。这时候,我们就应该开启"间隔时空",让第二系统出来发挥应有的作用,这样才不会贸然地遵从第一系统的反应,毕竟我们已经知道,第一系统的反应很可能受到五大设计缺陷的影响(我们将在第3章、第4章探讨第一系统的问题所在,包括它如何低估问题的复杂性及如何阻碍第二系统发挥其分析能力,等等)。很不幸,我们并不是天生就能分辨出哪些情况下我们被强大的直觉反应误导了,要想识别复杂性这一信号,着实需要进行相关的练习(我们将在下面两章详述这一问题)。

总结一下,第一步操作的目的就是开启主动思维,用它来消解第一系统常犯的错误。通过开启"间隔时空",我们为第二系统的发挥提供了可能性,这样做也能让大脑暂时摆脱第一系统的主导,获得一刻喘息的机会。我们通过自我抽离打开空间,然后再通过召唤"观察自我"来分析自己当下的所思所想。每次情绪波动的警报都在提醒我们启动元认知,又或者,当我们意识到手头的问题十分复杂,已经超出了第一系统的能力范畴,我们也要开启"间隔时空"解决相关问题。具体来讲就是,在情绪波动出现和复杂程度升级两种情况下,我们需要人为有意识地将刺激和反应间隔开来，在二者之间搭建起"间隔时空"。启动"间隔时空"是我们战胜第一系统、成就更好自我的第一步，接下来还有第二个步骤需要我们去执行。

操作二：合理使用"间隔时空"

开启"间隔时空"有助于降低情绪的激烈程度，但这绝不是说只要开启并扩展了空间，问题就可以迎刃而解。最终的结果取决于我们如何利用好这个空间。所以，第二步操作就是要充分发挥第二系统的优势：让它推翻第一系统简单直接的应对策略，寻找更为稳妥的办法。我们需要调动最高级别的元认知功能才能完成这项任务，毕竟要毫不畏惧地对抗第一系统的缺陷可不是一件容易的事。第二步操作的目的就是充分利用第二系统这一强大武器，即使与（霸凌成性的）第一系统正面交锋，也能毫不示弱。很多时候，第一系统的直觉反应都无法解决问题，只有第二系统提供的缓慢而变通的办法才是正道。

这也就是说，通过自我抽离，我们可以打开"间隔时空"；然后再通过自我审视，我们可以将其进一步扩展；最后，通过制定策略合理使用"间隔时空"，我们才能够真正克服认知的设计缺陷。

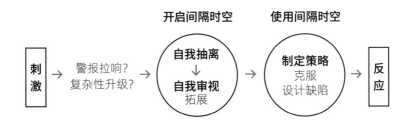

本书后续的部分将具体教大家如何实施第二步操作，我会详细解释如何应对第一系统的霸凌，简要来说就是：先要了解敌人（即造成人类内心痛苦的五大认知设计缺陷），然后要寻找具体的策略。如果用军事术语描述"间隔时空"的话，可以将其称为"实力加倍器"，有了它，第二系统提供的策略就可以威力大增，从而彻底压制住第一系统。

当然，有一点我们必须清楚，人类的元认知功能还处于雏形阶段：从进化的角度分析，我们对自己的思维过程以及如何驾驭该过程的认识仍处于初级阶段。（目前）我们的元认知能力还稍显笨拙，但除了它，我们已经没有更好的选择，也只有它能够制衡大脑的自动思维。当然，这个过程并不简单，需要我们为之付出努力，并实施自我规训，其困难程度不亚于远古人类实现从爬行到直立行走的艰难转变。人类的猿猴祖先并不是一天之内实现了直立行走，也不是一天之内就看到了更加广阔的世界，在很长一段时间内，他们都处于爬行和直立行走交替反复的状态。人类后续的进化同样也是一个漫长的过程，他们不是突然某一天醒来就懂得仰望天空，也不是毫无征兆地突然开始探讨生命的意义。人类的进化还未结束（而且永远也不会结束），对自然选择赋予我们的复杂而混乱的大脑，我们还并不十分了解，更不知道该如何开发其全部潜能。所以，我们要充分发挥第二系统的实力——让它帮助我们成为"真正意义上的人"。这是一项艰巨的任务，不过一旦完成绝对物超所值，会让我们终身受益。当然，这一切都要从启动"间隔时空"开始。

> **每天都要提醒自己：**
> 开启间隔时空并不难，它随时对我们有求必应。

> **如果感到痛苦，你可以问自己：**
> 我需要开启间隔时空向第二系统求助吗？

· 第二篇 ·

排忧解难,柳暗花明

第 3 章
认知缺陷一：奢求简而化之

我们生活的世界与我们以为自己生活的世界截然不同。
——纳西姆·尼古拉斯·塔勒布（Nassim Nicholas Taleb）

归根结底在于信息的遗漏。

我是一个非常爱整洁的人：车子从来都擦得一尘不染，书桌总是摆放得井然有序，餐具用完我也会第一时间放进洗碗机清洗。老实讲，我觉得自己算不上洁癖，但我必须承认，自己对秩序感的偏爱似乎比大多数人都来得强烈。记得一天晚上，女儿们在餐桌上直接向我发难，"爸爸，你绝对是个强迫症"。那时候她们才十多岁，我非常认真地跟她们解释说，首先，根据《精神紊乱诊断及统计手册》提供的定义，洁癖并非强迫症，她们用强迫症形容我属于用词不当；另外，她们应该仔细想想，我之所以洁癖是不是跟她们邋遢的卫生习惯有关。

我坚信自己不是强迫症，但要想向她们证明，办法只有一个：我去了多伦多最大的医院，请那里知名的专家对我进行了评估。经过两次问诊，对方对我的情况做了一个综合说明。根据他的描述，我尚未表现出强迫症的相关症状（负面情绪长期存在却无能为力，为缓解紧张情绪被迫完成某些特定动作），但也不是一点问题也没有。医生把我界定为一个完美主义者，用临床术语描述就是强迫性人格（如果任由其继续发展，最终的结果也将是一种强迫症——即因过分追求完美而导致无法完成任何工作）。不过，他说我的情况完全没有到强迫症的程度，我只不过做事力求完美罢了。于是我把医生的话转述给女儿们，告诉她们我虽然很爱整洁，但绝对不是强迫症，我为自己的强迫性人格感到十分骄傲。谁想到，女儿们听了我的话竟然狂笑不止，揶揄我道："你看，我们就说吧！"我越是跟她们解释强迫性人格并非强迫症，她们就越是笑得厉害。看来她们并不理解二者的差异，但只要我自己清楚就够了，哪怕只是略懂皮毛，也没关系。

或许，我的确整洁得有点过分，但活在这世上，谁还没有点自己的喜好呢？我们希望日子过得轻松愉快，希望自己能得到别人的尊重，希望这世道是非分明，希望别人的想法跟自己的一样。我们希望凡事都合情合理：明明白白、清清楚楚、逻辑通顺、条理清晰，并且符合自己的心理预期。做人之所以有这么多痛苦，就是因为我们简单直接的期待常常落空，内心自然无法满足，总觉得生活亏欠了自己——这样看来，我们的确很贪婪。这个世界确实荒唐，确实不完美，还充满了各种意外。而我们，活了这么多年，遭受过各种挫折和失望，本以为自己已经学会调整预期，但事实上大多数人依然无法与现实做出和解。我们总觉得，这世道即使无法满足我们的需求，至少也可以迁就一下我们，但即使是这个愿望也很难实现，没人向我们做出过类似的承诺，口头上没有，书面的就更别指望了。换句话说，老天从未表达过要眷顾人类的意思，更不要说对我们做出妥协和让步了。

人类的要求之所以过分，是因为它们不合常理；而它们之所以不合常理，是因为我们对外界的认识有误；至于说我们为什么会认识有误，原因在于这个世界确如塔勒布在文首提到的那样，与我们以为的样子截然不同。大千宇宙复杂而神秘，我们却总奢望将其简化，一旦做不到又会痛苦失望，甚至遭遇严重的打击。作家罗伯特·赖特（Robert Wright）将这个问题定义为"佛'法'"。如他所说，"人类经常看不清世界，而因此给自己和他人造成了无尽的痛苦"。

**人类的要求之所以过分，是因为它们不合常理；
而它们之所以不合常理，因为这个世界与我们以为的样子
截然不同。**

我们奢望这世界可以永远遵循简单易懂、公平直接的规则——这样我就可以做到一切尽在掌控。无论什么事，我们都想简而化之地处理，这是我们生而为人的一大特征，也是我们必须了解的一个事实真相。

真相一：我们遇事追求简而化之

我们遇事追求简而化之，针对的不只是某些事情，问题就在于，无论什么事，我们都想简化处理。周围充斥着各种感官信息，它们无时无刻不在侵袭我们的大脑，除了简化处理我们似乎别无他法。当初，如果不是我们的大脑善于从众多信息中挑选并解读出相关的信号，如果不是它善于寻找熟悉的模式把所有数据组织起来并编织成有意义的内容——将全新信号与已知信息联系在一起——那人类根本活不到今天。作家奥尔德斯·赫胥黎（Aldous Huxley）曾经说过："要想保证人类作为物种继续活下去……所有信息在输入大脑前都应经过压缩阀的压缩处理。"我们别无选择，必须将外界信息转化成易于理解和吸收的碎片，然后再把简化后的认识存储进我们的大脑。而这样做最终导致的结果就是对现实的过度简化，我们大脑中的世界成了一种压缩后的抽象表象，大多数情况下只能保证与现实情况接近，却远非现实本身。

如果你觉得这本书对你没什么帮助，我希望你至少也能记住以下几个字：**了解的过程就是简化的过程。**

这世上没有不被简化的知识。通过确定大脑感觉受体细胞的数量，科学家估算出人类每秒处理信息的数量竟然高达1100万个：照进眼睛的光子、敲打鼓膜的声波，传入鼻腔的有味道的分子……所有这些都会转化成电化脉冲进入我们的大脑，大脑经过不停的筛选，最终将有用信号从周围大量无关且无用的数据噪声中分离出来。我们准备过马路时，迎面驶过来的汽车，不论其速度还是方向都是与我们高度相关的信息，所以我们会从其他数据（如汽车的品牌或车内乘客的数量）中将这两项筛选出来。也就是说，人类在将信息做简化处理的过程中屏蔽了很多自以为没用的数据。

我们刚刚说过，人类大脑每秒钟要处理1100万条数据，其中只有很小一部分进入了我们的意识，绝大多数都留在了第一系统。赫胥黎在其"压缩阀"言论的基础上继续发表了见解，他说："如果说进入大脑的信息如汪洋大海，那经过大脑加工、真正能为我所用的信息就只是涓涓细流，而后者就是我们的思维，是人类在地球上赖以生存的根本。"这样看来，能够进入我们大脑的信息本身就不多，而进入意识的信号则更是少得可怜。在此过程中我们做了太多简化处理——导致很多信息连被加工的机会都没有就被屏蔽在了外面。

但是话说回来，如果人类不善于将信号（有用的信息）从噪声（无用的信息）中分离出来，不善于构建一种可以为我所用的现实表象，那我们就不可能活到今天。人类加工信息的能力极其强大，速度也非常迅猛。只要发现有捷径可走，我们绝对不会舍近求远。事实上，捷径确实存在，而我们也确实没有浪费，以下便是四个我们常走的捷径：

易得信息偏好	人类喜欢获取方便易得的信息（而因此忽略了其他信息）。
急于确认偏好	人类喜欢寻找能够确认自身疑虑的证据（而因此屏蔽了很多与之相矛盾的证据）。
为我所用偏好	人类喜欢支持那些可以印证既有想法的观点（而因此错过了很多其他可行的想法）。
判断流于表象	人类喜欢凭借对一件事的了解推演出表面相似的另一件事的结论（而因此疏忽了差异性的存在）。

对于简单直接的问题（如老虎进攻人类），捷径的确有用武之地，原因有三：

第一	信息提示简单明了（根本不用花心思揣摩老虎的意图）。
第二	规律可以套用（不管向人类进攻的是哪一只老虎，其目的只有一个）。
第三	与刺激互动后的反馈结果清晰可见（挑衅老虎的后果可想而知）。

第 3 章 | 认知缺陷一：奢求简而化之

第一系统只求能够快速解决问题，
根本容不下任何不明朗的信息。

如果情况复杂，牵扯其中的各个部分必然会对彼此产生潜移默化的影响，而因此导致因果关系不够明确，有用的线索很可能淹没在冒充有用信号的噪声中难以分辨。第一系统的特点就是急功近利，所以即使情况不明朗，它也不会放慢做决定的脚步，而这时候，人类大脑的设计特征就变成了设计缺陷：原本对生存有利的简化处理也成了影响生活质量的过度操作。如果我们面对的不是第一系统擅长解决的简单问题，而是需要更多认知经验才能应对的难题，那原本适度的简化做法便很容易沦为过度简化的操作。

功能特征变成设计缺陷：中性的简化处理沦为奢求简而化之的操作

哲学家丹尼尔·丹尼特（Daniel Dennett）自创了"过度简化主义"这个说法，用它来描述科学家和哲学家妄图用过于简单的解释还原复杂现象的奢望。我们可以在丹尼特的基础上做出更为深入的分析：可以这样说，每个人都是过度简化主义者，人类大脑的"压缩阀"永远都在压缩外界的信息，企图从中找到有价值的内容；我们本能地希望自己筛选出来的内容可以简单明了、浅显易懂。

坚持不懈的简化操作有时的确可以帮到人类——要不是因为这一功能，人类根本不可能活到今天！但过度简化有时也会带来不堪设想的后果——我们获得的信息本来就不完整，却还妄图用其编织出简单的故事，结果自然可想而知。打个比方：牛顿力学本来是正确的理论，但如果我们探讨的条件太大或太小，或速度太快，那牛顿力学出错的比率也会大大提高，因此我们需要建立更为复杂的模型，包括：反直觉的广义相对论（用来解释大质量物体对空间的扭曲）、量子力学（用来解释亚原子粒子的特殊活动规律）、狭义相对论（用来解释超级速度对时间的改变）。如果我们把大小、速度这些限制条件拿走，牛顿力学便无法成立。与之类似，当我们遭遇的问题缺乏简单直接这一限制条件时，大脑的原始直觉设定也将无法派上用场。

人类的第一个设计缺陷就源于我们无法区分哪些情况适合使用简化捷径，而哪些情况又会造成简化捷径的失效。每当我们奢望用捷径解决复杂问题时，我们的做法就构成了过度简化。

简化主义 + 复杂问题 = 过度简化

之前我们说过，本书想要传达的最重要信息就是"了解的过程就是简化的过程"，而接下来的这句话也具有同样的重要性：**信息遗漏无法避免**。

人类之所以会出现过度简化的操作，主要原因就是我们常常遗漏重要信息。这个观点的意思不言自明，但其意义却影响深远，所以我们必须对其真相有所了解。

真相二：信息遗漏无法避免

所谓简化，其本质就是排除信息。我们的大脑处理能力有限，无法吸收并利用可获取的所有数据，因此我们在考虑每件事时都存在信息遗漏的问题。我们可以从最基本的感觉说起：人类看不见红衣凤头鸟能看见的紫外颜色，闻不到犬类凭借两亿嗅觉细胞能捕捉到的几百种味道，我们没有蝙蝠声纳一样的听力，感受不到响尾蛇赖以生存的红外辐射。不过，话说回来，人类大脑的机能虽然无法留意到周遭所发生的一切，包括人体内部存活的数百万种微生物，但大部分时间还能满足我们的需求：可以帮我们有效排除不重要或没用的信息，使得我们可以更加专注于有用的重要信号。经过多年来的学习，大多数人对世界的运行方式已经形成了直觉认识，因而擅长快速筛选出可以为我们所用的信号，并用它来解释和应对大多数的日常问题。这也就是说，对于日常问题，我们已经可以习惯性地忽略那些没用的信息，这对我们来说当然是一件好事。但是，人的一生实在太过短暂，即使活到老也无法培养出解决所有问题的技能，对于那些没有规律可循的事情，我们常常束手无策。但问题的关键在于，即使面对的是非常困难的问题，我们也急于得出结论，过程中自然容易造成信息的遗漏。没错，信息遗漏的确无法避免——但有一点我们要记住，那就是问题越复杂，遗漏的信息往往就越关键。

人际交往中，信息遗漏造成的麻烦常常十分严重。行为经济学的两位大家阿莫斯·特沃斯基（Amos Tversky）和丹尼尔·卡尼曼曾经在书中写过，"人类只喜欢考虑相对简单的情况，当面对冲突等复杂问题时，我们的惯性思维就会造成明显不利的后果。基于同样的逻辑，我们总是对自己的情绪和想法格外关注，而对手的情绪和想法则常常被我们忽略"。这就是之前提到的易得信息偏好在发挥作用，我们对于自己的困境和感受有非常直接的体验，但对他人的想法却知之甚少——因此造成许多重要信息的缺失，而这又将导致怎样的结果呢？结果就是，面对他人及其处境，我们永远会采取过度简化的操作，并因此造成或加剧与对方的冲突。

问题越复杂，遗漏的信息往往越关键。

事实上，这种"基本归因错误"正是社会心理学的一块基石：经过研究我们发现，人类常常忽略他人境遇，为了解释他人的某种行为，我们总是一味地将其归咎于我们主观以为的对方的某种性格特征。也可以这样说，我们总是把他人行为解释成其特有的性格信号，而把导致他们行为的特定情境视为无关噪声。然而要知道，要想准确理解对方，这些缺失的信息往往至关重要。举例来看，如果有个陌生人对我们爆粗口，我们会把他的行为解释为反社会人格，甚至认为他"天生就是个浑蛋。"至于说导致他行为的具体原因——或许是他刚刚被老板臭骂了一顿——则属于不太直观的信息，既然如此，我们便将性格当成了他怪异行为的唯一解释。我们对他人苛刻，评价起自己的行为时却总是十分宽容，通常会将其归咎于我们所处的环境的细微变化。之所以如此，是因为我们很容易获得与自身相关的信息："我平时可不是一个粗鲁的人，今天只是因为迟到影响了心情"，或者"我发火是因为对方把我逼急了"。有了归因理论，我们就很容易明白，为什么我们责怪他人时总是不费吹灰之力，而面对自己的问题，却总是会给自己找到很多借口，还会审慎地分析事情的起因究竟是自己的性格还是外部的环境，这样得出的结论自然都对我们有利（"为我所用偏好"在这里发挥了作用，成功都得益于我们自身的个性，而失败则要归咎于外部的条件）。

因为存在信息遗漏，我们在"解决"他人问题时总是异常果断，但轮到自己身上，则会左思右想、瞻前顾后。对于他人的困境，我们大多只是一知半解，却总是急于盖棺定论，甚至给出非常拙劣的建议："她为什么还不离开他呢？"又或者，"如果他不喜欢现在的工作，为什么还不跳槽？"这类问题的答案都是一样的，为什么？因为别人不会按照我们的想法生活，因为我们对他们的了解不够深入。那个"本该分手"的朋友可能跟你分享了很多对方的问题，说他不够细心、不够体贴等，因为只有这样说，才能博得你更多的同情。但内心深处，她却宁肯找一个不完美的伴侣，也不愿意一个人孤独终老。同样地，更换工作预示着很多变数，所以即使眼下的工作很无聊，那个人还是会一直做下去，但这并不妨碍他跟人无休无止地抱怨（遇到这种情况，除了认真倾听，最好的回应就是小心探求缺失的信息，这样才不至于对对方的情况做出片面的判断）。

如果我们妄图对事情做出过于简单的判断，过程中就会遗漏很多重要信息，比方说我们常常把自己的痛苦简单粗暴地归咎于旁人，就是一个典型的例子。因果关系是我们看待事物的主要模式，但人类大脑直觉的因果模式尚处于初级阶段，每当涉及复杂问题时，它的直觉判断根本不足为凭，这也就是为什么我们也一定要了解关于因果关系的真相。

真相三：大脑基本的因果模式无法解决复杂问题

罗马诗人维吉尔（Virgil）曾经说过："能够追本溯源是一种幸福。"人类大脑已经习惯于单一、单向的因果关系，比方说：缺乏食物会导致饥饿，饮酒过量会导致醉酒，过度暴露于阳光下会导致晒伤。类似这种单向的因果关系不计其数，这种思维模式在应对简单问题时的确可以发挥很好的作用。

简单直接的因果关系

这个最基本的因果模式对人类来说非常重要，它是我们判断很多事物的基础。但是对于一些复杂问题，比方说职业发展、公司盈利、气候变化、总统选举或关系破裂等问题，再想单纯依靠这一模式来解释恐怕就行不通了。当今世界，因果关系变得越来越复杂，很多因素都互为因果，如果我们还是不分青红皂白地认定大脑对因果关系的直觉解读，就会忽略掉大量关键的信息。我们在现实生活中常常过度依赖简单的因果关系，企图用它来解释外界的变化，比如，我们跟伴侣闹矛盾时，会指责对方自私；我们事业受挫时，会抱怨老板傲慢；我们求医无门时，会谴责政府无能；我们意识到贫富差距时，会斥责银行家的贪婪；我们遇到恐怖袭击时，会声讨宗教的极端教义。

随着复杂性不断升级，事情的最终结果往往取决于许多因素的相互作用，不仅如此，结果甚至反过来还会对最初的起因产生影响。我们将在下一章对复杂情况进行更为深入的探讨，在此我们只需要知道复杂情况会涉及各种复杂的互动关系，牵扯出各种复杂的因果链条，而这些关系根本无法用快速单一的因果模式加以解释。

复杂的因果关系

要想揭示这世间的复杂规律，我们需要依赖之前提到的缺失信息，这些信息大多隐藏在多重因素之中，再加上各种因素之间的相互作用，想要厘清确实不是一朝一夕之事。人类对因果关系过度简化的毛病，很大程度上可以归咎于历史原因。想当初，如果不是有这种模式，人类根本无法活下来。危险的信号刚一出现，我们就要第一时间做出反应，这完全得益于我们对简单因果关系的认定。但是，时代发展到今天，现代社会变得越来越复杂，简单的解释已经无法还原真实的状况，如果我们还执意采用原始的因果模式，我们的反应就会产生不好的后果——可以称之为"左外场"现象（棒球比赛中，当跑垒队员快速奔向本垒时，由于他看不到左后方的情况，所以从左外场朝本垒抛球比较容易偷袭成功，这与我们急于得出结论时的状态一样，如果我们不够慎重，就很容易遭遇突如其来的失败）。

如果情况复杂，最终结果往往取决于许多因素的相互作用，而且结果反过来还会对最初的起因产生影响。

营养学的发展史非常精准地演示了过度简化因果关系可能带来的后果。1984 年，美国国家卫生研究院建议全体美国人减少脂肪的摄入，还由此开启了数十年低脂和无脂产品的开发。但数据显示，肥胖的人数还在持续上升，原来是因为食品生产商在食品中添加了大量的糖和盐以弥补因脂肪减少而失去的味道。从那以后，钟摆又摆向了过度简化的另一端，脂肪的存储与高糖碳水画上了等号，也因此引发了 20 世纪 90 年代低碳水饮食在美国爆炸式的流行，如今又继而演变成反麸质热潮。营养学的发展史之所以如此混乱，主要在于每次专家都只是针对某一种营养物质进行研究。现在，营养学家终于承认，某个简单的因果关系并不能说明营养物质之间、营养物质与其他化合物之间以及营养物质与人类消化系统之间会发生怎样的相互作用。

遗传学的历史也非常能够说明问题。1874 年，科学家弗朗西斯·高尔顿（Francis Galton）提出了"先天与后天"的二分法，当时这一划分是为了方便探究二者对人类性格的影响。从那以后，关于先天与后天的争论就一直没有停止过，不仅没有停止，而且甚嚣尘上。如今我们已经清楚，高尔顿的二分法非常不成熟，先天和后天一直都在相互作用，所以不应该割裂开来分析。过去

20年，人们对双胞胎做了大量非常正规的研究，得出了较为一致的结论，即人类的性格是基因（先天）和环境（后天）相互作用的结果。没错，在不同家庭长大（拥有相同 DNA 的）同卵双胞胎，其性格的相似度的确高于同胞兄弟或姐妹（这足以证明基因的强大作用），但同时，他们也可能表现出惊人的差异（说明环境的影响也不容小觑）。可以这样说，基因预示的只是一种可能性，而非确定性，决定性格的关键因素是基因与环境两者之间的相互作用，特定基因是否被激活很大程度上取决于环境，某种性格特征会以何种程度表现出来，也离不开环境的影响。两个厨师即使所用的配料完全一样，做出菜的味道也不可能完全相同，与之类似，我们也不应该单凭基因就企图预测出人的性格。

上述提到的例子虽然与我们的生活有些遥远，似乎都是些关乎科学的大事，但它们足以反映出我们日常分析问题的方式：不管发生什么事——与家人闹别扭、把工作搞砸、情感出现危机、公共政策惨败——我们分析问题的思路都难以摆脱过于简化的因果模式。而事实上，造成上述问题的原因非常庞杂，分析时很难保证面面俱到。如果不把深层次因素的相互作用挖掘清楚，不把缺失的信息补上，想要找到有效的解决方案无异于天方夜谭。我们遗漏了太多信息，总是对那些需要认真解读的信号不够重视（理所当然地将其视作无关的噪声），而同时，我们还很愿意对某些噪声过度解读（而它们不过是无关紧要的信息）。这也就是说，我们总想从随机的噪声中找出规律，却总是忘记噪声根本无关紧要，它们提供的数据一点价值也没有。随机性就属于一种无关噪声，但它给我们造成了巨大的麻烦，每次当人类的搜索引擎——大脑——想要做出判断时，随机性的噪声就会乔装打扮一番，把自己伪装成有用的信号误导我们。很不幸，对于随机发生的事，人类总爱过度解读，这也是我们即将探讨的下一个真相。

真相四：人类错把随机噪声当成有用信号

你与老板谈加薪时，老板穿的衬衫的颜色绝对属于无关数据——即所谓的噪声，这一点我想每个人都能理解。随机性就是一种噪声，不仅因为它提供的是无用数据，还因为它即使内部蕴含信号，有用也好，没用也罢，我们都无法深入探究。所谓"随机"，其本质就意味着"缺乏可用信息价值"，具体包括两种情况：一是无法了解其信息价值，二是根本没有有用信息。抛硬币就是第一种情况的典型例子，即我们根本无法从中获得信息。太多因素共同决定了抛硬币的结果（包括抛硬币的角度与力度、硬币的平衡性与对称性、空气的摩擦等），这些相互作用的因素无法被测量，也无法被整合，因而无法帮助我们预测出硬币的路径（即"无法压缩计算"）。随机性的第二个特点更加极端，即其中根本没有因果关联，也因此没有我们用得上的深层信息。描述亚原子运动轨迹的量子力学就是如此：即使人类可以极度精确地了解一个电子的起始位置，仍然无法预测它的运动路径，因为起始位置与最终位置之间没有必然的因果联系。对亚原子的研究，我们只能看到其波状概率分布，之所以如此，倒不是因为我们缺乏更先进的测量仪器（这一点与抛硬币的实验不同，如果我们可以把所有因素压缩成一个等式，理论上我们可以计算出硬币下落的结果），而是因为这些粒子的本质特征就是不确定的随机性。

对两种不同随机性进行区分——一个是无法知晓因果联系，另一个是根本没有因果联系——其学术价值似乎远大于实际价值，对于我们来说，真正重要的是意识到人类经常把随机信息误认为有价值的信号，而且还非要从随机的事情上找出规律，从没有意义的信息中解读出价值。虽然现实生活中随机性无处不在，但是由于第一系统对它的排挤，导致我们对它的认识存在严重不足。

人类总是过度解读随机事件，企图从中找出规律
——即从没有意义的信息中解读出价值。

首先，就其本质而言，随机性不可预测，也因此不可控制——但第一系统的首要任务就是管控我们的生存环境，确保我们能活下去。第一系统如果根本不理解这个世界，怎么可能有效管理呢，因此它不愿意承认有任何不可知的东西存在。其次，在整个人类历史中，过度解读随机性一直被证明是一个可靠的生存策略。人类跟所有动物一样，做决定时始终坚信一个原则，那就是：宁可信其有，不可信其无，对危险的误报总好过于对危险的漏报。这就是我们常说的"两害相权取其轻"，为了避免一个更严重的错误发生，犯一个无关紧要的错误似乎无可厚非。

下面这个例子十分常见，我们可以一起来看一下：当你听到灌木丛中传来沙沙声，你的判断可能犯两个错误：一、沙沙声是风吹出来的，你的担心不过是杞人忧天；二、沙沙声是躲在树丛中的猛兽弄出来的，如果你不以为意，后果会非常严重。如果只是风吹树叶，可你却将其误认成危险信号，且当即逃跑，那结果不过就是虚惊一场（属于第一类错误，也可称为假阳性）。除了心跳加速、外加耗费了些能量，犯这个错误的弊端似乎微乎其微。接下来我们再来分析另外一种情况，树丛中的确有一只猛兽对你虎视眈眈，而你却犯了第二类错误：你以为沙沙声是毫无意义的信息，所以根本没当回事，因而错过了威胁信号（属于第二类错误，也可以称为假阴性），这种判断错误的后果非常严重，你会被野兽活活咬死。

既然这样，你就需要在两种错误之间做出权衡：做人不可能既是谨慎派又是乐天派，当你听到沙沙声，而又无法确定其产生原因时，你必须想好更愿意犯下哪一类错误，哪一类错误的结果你比较承担得起。自然选择让人类大脑的第一系统养成了一种习惯，出于谨慎，我们总会过度解读一些信息，并做出相应的反应，即使这样做很多时候都被证明是错误的，但在真正的危险出现时，我们至少不会因为反应不足而遭遇严重的后果。人类之所以能活到现在，就是因为我们有这种选择偏好和习惯：虽然犯第一类错误也会给我们造成不便，让我们虚惊一场，但总比犯第二类错误被生吞活剥要好；也就是说，过度解读噪声总是要好过忽略真实信号。这种"时刻警惕"的状态就是人类过度解读噪声的最好诠释。顺便说一下，也正是这种选择偏好导致男人总是对女人的好意做出过分解读。男人总爱一厢情愿地胡思乱想，哪怕女人只是在做一般性的友好交流，他们也会从这种噪声中筛选出根本不存在的调情信号。毕竟，如果是过度解读，最多也就是尴尬一下，但万一解读正确，那便可以实现自己传宗接代的想法。这也就是说，男性更需要深刻意识到自己过度解读的问题，不仅要意识到，而且要加以纠正。

人类是这个星球上对寻找规律最为热衷的动物。

人类凭借自身强大的大脑成为这个世界上对寻找规律最为热衷的动物。大量实验证明，人类对噪声信息的过度解读比其他动物要严重得多。比方说，神经学家迈克尔·加扎尼加（Michael Gazzaniga）做过一系列的实验，实验中他对不同物种对随机闪光的反应做了比较。结果发现，所有动物在随机测试的任务中都表现得比人类要好，就连四岁以下的幼儿，其表现也超出了成人。与动物和幼儿本能反应不同，大一点的孩子、青少年和成年人都试图通过猜测随机光点出现的位置来推翻随机性，即使他们已经被告知所有闪光点出现的位置完全随机、不可预测，他们还是抑制不住预测的冲动。研究发现，倒是那些前额叶皮层某些部位受损的患者反而不太会犯过度解读随机性的错误：难道每次遇到需要处理的随机事件，我们都需要依靠大脑损伤才能变得像老鼠一样聪明吗？！

我们凡事都想找到规律，甚至执着到了无法自拔的程度，可这一习惯与当今繁杂混乱的世界已经格格不入。外界向我们抛来越来越多的随机噪声，对于它们，我们要做的是屏蔽，而不是过度解读。然而，人类过度解读随机性的方式可谓多种多样，但本质上都是想从一系列的随机事件中找到有意义的信息：把别人的本事看成运气（"你看他那么成功，脑子肯定特别好使"），凡事都爱事后诸葛亮（"这么做简直太蠢了——看看结果不就知道了"），用超自然力量解释随机事件（"因果报应，她这辈子注定命苦"），对不清楚的事情妄下断言（"这对父母肯定不称职，否则怎么两个孩子学习都不好"），这类例子不胜枚举。

随机事件 + 规律偏好 = 过度解读

随机事件在我们的生活中无处不在，而人类大脑的初始设计又偏偏喜欢给所有数据赋加上意义，二者结合，最终导致的结果就是我们总喜欢把噪声误读成有价值的信号。人类大脑的初始设计的确给我们造成了许多严重问题，如错误的战略选择、毁灭性的投资决策、人际关系的误会以及很多不必要的冲突。

做出转变：从过度简化到复杂性分析

不可否认，简化是人类理解、应对外界的一种高效手段，只是我们太过贪婪，凡事都想简单化处理，而很多事情又不像我们想象的那样简单，这就导致我们会习惯性地采取过度简化的行为，具体呈现出两种操作方式：第一种是重视不足。首先是忽略重要信息，尤其是那些破译复杂因果关系所需要的信息；其次是对很多重要信号重视不足，一味地将其视为无关噪声。第二种是过度解读。对于随机发生的系列事件，我们总想人为附加上意义和规律；而对于无用的噪声，却总是将其当作相关信号来处理。

过度简化

对重要信号缺乏重视	对无关噪声过度解读
将信号视作噪声 ↓ 遗漏关键信息 （多见于处理因果关系时）	将噪声视作信号 ↓ 曲解随机事件 （多见于随机事件连续发生时）

对于相互关联的事件，我们总是习惯性地割裂看待；对于拥有多重起因的事件，我们总是给出最初级的单向分析；对于随机发生的事件，我们总是试图寻找出规律。人类总是妄图将数据压缩成简单的故事，因而忽略掉很多关键信息，结果自然无法了解

复杂事物的真实本质。

大脑的第一系统总是急于第一时间把事情搞清楚，这就导致我们会误读很多复杂现象却仍不自知，而我们对世界和他人的误解也因此陷得越来越深，就连误解发生的次数也越来越频繁。所有这一切又反过来成了我们内心痛苦的根源。

我们对简化的执着其实非常矛盾：我们之所以凡事都想简化，就是想快速认识外界，并让其为我所用，但是，恰恰因为过于简化的行为，我们反倒不得不放弃很多对外界的掌控权。

人类该如何解决自身对过度简化的执念呢？我们可以在一个重要的决策理论中找到答案，其中还包括三个具体的实施手段。但是，要想真正得到这三种工具的帮助，我们必须先开启"间隔时空"。

> **关于人类：**
> 人类天生就喜欢将事情做简化处理。

> **关于现实：**
> 现实世界远非我们想象的那样简单，
> 我们在认识外界时遗漏了太多重要的信息。

第 4 章
补救措施一：控制简化心理

> 但凡遇到问题就想找到简单明了的解决办法，
> 那犯错的概率至少为十之八九。
> ——亨利·路易斯·曼肯（Henry Louis Mencken）

第一系统根本不具备剖析复杂问题、挖掘遗漏信息的功能。

人类对现实的认识都是经过减缩后抽象出来的表象。在远古时代，哪怕是现代社会的大部分时间，这种简而化之的做法都没出现什么问题，即便我们的直觉犯错了也没关系，毕竟，在人类发展史的大部分时间，我们对世界的基本认识很多都是自己想当然的结果，比如，地球是扁平的，太阳是绕着地球转的，重的物体比轻的物体先落地，无论以什么速度运动都不会改变时间的进程，这样的例子比比皆是。在当时的历史条件下，注意不到这些严重的概念错误也很正常，因为它们并不会影响我们的日常生活。话说回来，人类历史的大部分时间，我们的直觉也没有多离谱：真实的情况与我们的认识之间或许存在差异，但并不足以影响我们的生存。可是，时代发展到今天，我们要处理的事情开始变得越来越复杂，如果再对现实情况简而化之就会呈现出过度简化的趋势，而这样做不仅会严重影响我们的生活质量，还会导致我们内心的极大痛苦。之前我们已经提到过，人类过度简化的方式有两种：一是忽略有价值信号（错过关键信息），二是过度解读噪声（强行给随机事件附加意义）。当我们面对的事情牵扯到复杂的因果关系，再加上有随机性来捣乱，再想凭借本能来区分噪声和信号，恐怕就会事与愿违。

所谓"复杂性"指的是各种问题相互交织的"复杂的问题系统"。无论具体是什么系统，其核心特质都是组成部分之间的相互作用，而系统的行为最终取决于各部分之间的互动关系。比方说，汽车引擎可以自成系统，两人之间的对话也可以构成一个系统，一场风暴同样可以被理解为一个系统。如何定义系统，关键在于你为它设定怎样的边界，也取决于你想要了解的内容：我们可以把单个细胞看成一个系统，可以把整个人体看成一个系统，当然也可以把两个人的关系看成一个系统，再往大的方面说，整个社区甚至整个社会都可以被定义为一个系统。

这也就是说，即使系统的各个组成部分会遵守相应的规则，但整个系统的行为依旧可能非常复杂；同样的道理，单个神经元的工作原理虽然很简单，但构成人脑的神经元网络却复杂得几乎无法建模。第一系统的初始设计决定了它解析世界的方式就是将其视作一个单向的简单联系，所以，如果我们单纯依靠本能的直觉来剖析复杂的系统，那恐怕很容易将精力全部放在零散的局部上，因而忽略各个部分之间的关联，乃至遗漏可以解锁复杂问题的重要规律和手段。

好在我们已经找到了对策，可以有效对抗自身凡事都想简而化之的习惯——即推翻直觉、认清复杂事物的真实规律，从而有效控制过度简化的冲动。该模式的理论基础是系统理论，用这种方式解决问题的过程也是一种系统思维的过程，其间我们关注的是事物之间的联系，即通过系统思维识别并剖析复杂事物的规律。

话虽如此，我们必须清楚，人类大脑的初始设计并不适用于系统思维的模式，至少还不够复杂和先进。这就意味着要想实现系统思维，我们需要第二系统的参与，包括它的元认知功能，当然也要开启"间隔时空"才能完成这项任务。

"间隔时空"一旦开启，我们就可以让自己抽离出来，采用不那么直观、不那么草率的分析方法，包括仔细审视自身存在的认知缺陷。要想做到这些，必须借助系统思维的自知力和其他强大力量。

我曾经在银行工作过，还是当时最年轻的高管。我之所以能在事业上获得些许成就，就是因为我将系统思维的自知力运用到了极致。但后来我之所以从高管位置"退下来"（其实是丢了工作）也是拜系统思维所赐，具体情况我们将在本章后面部分详述。

系统思维

系统思维可以非常清楚地告诉我们，世界并不是我们感觉的那么简单。

作家彼得·圣吉（Peter Senge）曾经说过："系统思维是一门观察整体性的学科，在这一框架下，我们看到的不是事物个体，而是事物之间的相互关系，不是一帧静态的画面，而是不断变化的规律。"

凡是系统，都有自身的特点，各个部分加在一起会呈现出一加一大于二的效果，而系统思维的目的就是要认识整体。如果我们具备全局观，可以参透各个部分之间的相互作用，就能更有效地应对复杂性，从而减轻自己和他人的痛苦。复杂系统的本质就是各个部分之间的相互作用；系统思维的目的就是要揭示并分析这些部分彼此的相互关系。

系统思维可以帮助我们认识复杂事物的规律
——即各个部分之间相互作用的方式。

各个部分在一个复杂系统中是如何相互作用的呢？它们充分借助了反馈回路，因为有了反馈回路，才能形成双向交互，也正是因为有了双向交互，才让复杂系统变得活跃起来。红灯停、绿灯行，这是简单的单向因果系统，完全没有反馈回路的参与，也就是说，我们会受到交通灯的影响，但反过来，交通灯却不会受到我们行为的影响。换另外一种情况，比方说我回家晚了，结果被爱人教训了一顿，说我耽误了饭点儿，而我为了表示不满狠狠摔了一下屋门，对方又开始指责我火气太大，于是我又继续反驳说不是我回来晚，而是家里吃饭吃得太早……整个对话构成了一个非常值得研究的系统，我和家人在唇枪舌剑间形成了一个反馈回路，信息线索可以在我们中间实现你来我往的互动。复杂性的关键规律就隐藏在反馈回路中，要想对其进行深入剖析，离不开系统思维的帮忙。

复杂事物发出的信号很难识别，因为它们都很隐蔽也很模糊，再加上随机性出来捣乱，指望第一系统找到有用信号基本不太可能。因此，我们需要走进"间隔时空"，借助第二系统的灵活机敏，运用系统思维的各种手段来挖掘复杂性的宝贵信号——这几个手段分别对应第 3 章提到的几个真相，具体包括：加强对因果关系的深入剖析，消除连续随机事件的欺骗效果，提出问题让遗漏的信息浮出水面。

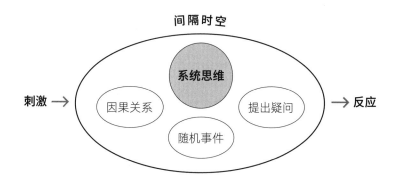

如果你不理解其中的因果关系，无法从随机噪声中筛查出有用信号，而且还提不出正确的问题，你就无法推翻第一系统对复杂性所做的笨拙解释和错误反应，也因此无法在21世纪的今天过上高效而幸福的生活。

手段一：前因后果——剖析复杂关系

人类大脑遇事只求能够快速解决，即使是复杂系统的因果关系，也会被它做简单化处理，并呈现出一种简单明了的错觉。正因如此，我们需要走进"间隔时空"，克服直觉的初始印象，做出比第一系统更加深入、更加灵活的剖析。具体来说就是，第一系统对复杂因果关系的五大特质非常不敏感，它们分别是距离远近、方向关系、非线性互动、涌现效应及混沌状态，而只有充分认识到这五大特质，才能更好地理解各种因素在复杂系统中的相互作用，从而揭示出系统内部的反馈回路。接下来，我会逐一对每个属性做一个简要介绍，最有趣的一项我会留到最后。讲完这五大属性，我再给大家分享一个我的个人真实经历。

1. 距离远近（直接对比根本）

直接原因离我们很近，通常比较直观；根本原因离我们较远，很难轻易发现。第一系统的问题就是总分不清哪些是直接原因，哪些是根本原因。比方说，如果我们的爱人回到家后就怒不可遏地指着脏盘子，吆喝我们"赶紧把烂摊子清理干净"，我们很容易会把脏盘子理解为对方发火的诱因，它们也的确可能是造成现在局面的直接原因。但更深层的终极原因（或根本原因）往往才是问题的关键，比方说对方下班前工作很不顺心，又或者一直对两人的关系有所忧虑。第一系统容易忽略大局，而且对易得信息有强烈的偏好，因此总是过度强调直接原因。但我们知道，复杂系统里隐藏着各种不易察觉的因素。如果我们忽视根本原因，那应对复杂事物的努力就会走错方向，而最终的结果自然是懊恼悔恨、一败涂地。要想避免出现这种结果，重中之重是要撒下一张大网，竭尽所能地寻找到终极原因。之所以要广泛撒网，首先是因为仅凭直接后果很难挖掘到终极原因，而另一个原因则是复杂事物中的因果关系也会非常复杂，很多因素都互为因果，不广泛撒网，不可能找到要害。

2. 方向关系（单向对比双向）

人类为什么会抑郁？是大脑中的化学反应导致了抑郁，还是抑郁的状态引发了大脑中的化学反应？我这么说或许过于笼统，具体点可以这样解释：神经学家大多认为是化学反应导致了抑郁，而心理学家则大多支持是抑郁引发了大脑中的化学反应。人类总是在这两个观点之间跳来跳去，一直难以确定因果关系的真正方向，而这也正是认知学家一直在努力解决的问题。目前，我们只知道复杂系统的典型特点是因果关系复杂，很多因素可能互为因果（这也解释了为什么大多数心理健康专家都提倡将药物治疗和心理治疗结合起来，因为二者可以在一个积极的反馈回路中相互影响、相互加强）。复杂的因果关系指的就是，在这一关系中，不仅原因会影响结果，结果也会反过来影响原因，而最初的原因又会引发非线性的结果，从而对原来的结果施加新的影响。

3. 非线性互动（恒定对比激变）

所谓非线性互动指的是在互动关系中，原因引发的后果完全超出了正常的预期。这样的例子很多，比方说一粒沙子可能导致整个沙堆的崩塌，一则微不足道的评论可能引发一场爆炸性的争论，一段爆红的视频可能打造一个网红，一个谣言可能导致股票暴跌，一个磨磨蹭蹭的司机可能导致整个交通的瘫痪。在一次关于非线性互动的演讲中，气象学家爱德华·洛伦兹（Edward

Lorenz）用蝴蝶扇动翅膀来解释非线性互动，他说巴西的一只蝴蝶扇动翅膀，最终可能引起美国德克萨斯州的一场龙卷风，这就是如今大家耳熟能详的"蝴蝶效应"。如果你不理解复杂系统的非线性互动，那就很容易忽略一些看似无关紧要的因素，而事实上，这些因素可能会产生极其重要的影响。

4. 涌现效应（个体对比整体）

复杂系统的第四个特征是其结果的涌现性，其根本意思可以用"一加一大于二"来概括。蜂群的整体行为取决于所有蜜蜂的个体行为，创新得益于所有成员的头脑风暴，意识源自每个毫无意识的神经细胞，生命的出现得益于非生物的化合物质，牛顿力学属性是所有随机运动量子共同作用的结果。由于涌现效应的存在，单纯对每个组成部分进行研究根本无法真正认识一个复杂的系统。你不可能通过观察单只蚂蚁来确定蚁群的行为，也不可能通过观察一位员工的表现来判断公司的业绩，更不可能通过观察一个城市来确定一个国家的国情。要想剖析复杂的因果关系，就必须思考各个部分按照非线性的方式涌现出来的整体属性，这样涌现出来的整体属性可能非常不稳定的，即处于一种混沌状态。

5. 混沌状态（稳定对比波动）

复杂的系统永远不可能做到长期稳定，它们总是在介乎完美秩序和完全混乱的中间地带来回摇摆，却永远做不到极致。我们可以想象一对情侣发生争执的状况：吵架之后通常会迎来一段较为稳定的关系，直到再有事情触发二人的矛盾，然后两个人会再次陷入激烈争执，彼此的冷漠可能升级为相互指责，再之后，二人的情绪可能又会稍加平复，彼此冷嘲热讽几句，直至最终达成和解。当然，这个和解状态也不可能一直持续下去，争执随时可能再次爆发。爱人之间的关系如此，股市也是大同小异。连续几天剧烈震荡后，股市就会进入一个狭窄的交易区间，当然后续还会再次出现波动。人一辈子都在有序与无序之间循环往复，生活也总是处于完全稳定与完全混乱的中间地带，并在两个极端之间来回摇摆。

时间久了，有些系统即便没有随机性来捣乱，其未来的发展走向也很难准确预测，而混沌理论探讨的就是这样一种现象：其神秘之处就在于事物最终的走向取决于很多细节，哪怕是对难以察觉的测量误差或系统中的微小扰动都极其敏感，所有误差和扰动都可能导致巨大的预测错误。天气预报就是一个非常有代表性的例子，不过我更喜欢用每个人的人生变化来说明这一问题：一些看似微不足道的小事，如果以非线性的方式累积到最后，很可能造成意想不到的结果，让你完全偏离原定的生活轨迹。比方说，一个陌生人跟你乘坐了同一部电梯，结果最终成了你相濡以沫的伴侣，又或者与邻居的几句闲聊彻底改变了你的职业生涯，等等。我从没想过或计划过生孩子这件事，但后来却爱上了一位同事，她说如果我不想要小孩的话，她就不想与我继续交往，于是我被迫做了"老天，我实在是迫不得已"的决定。我们在分析因果关系时，如果明白混沌理论，对未来的预测就会格外谨慎而低调，因为只有这样才能避免仅仅基于当前情况就推演结论的草率行为。我们必须做到顺势而为、与时俱进，你以为自己掌握了复杂性的规律，但事实上未来仍充满变数，只有变数才是永恒不变的规律。

应对复杂系统时，真的很难说哪种方法可以做到万无一失，不过最为重要的第一步还是要进入"间隔时空"，先让自己抽离出来，然后再启动第二系统的元认知，用它来识别第一系统割裂分析各个组成部分（而忽略彼此间的相互关系）惯常的做法，并对其加以抵制。在"间隔时空"中，第二系统可以更好地了解复杂系统的五大特质，从而施加更有效的影响。如果做不到深度剖析，根本没办法对复杂系统实施有效管理。

在"间隔时空"中，第二系统可以更好地了解复杂系统的五大特质，从而施加更有效的影响

无论你在什么机构工作，所处的职位越高，就越会感受到管理复杂系统的难度。我曾在一家银行担任高管，顶头上司就是总裁本人。任职期间，我需要同时应对多个复杂系统，承受的压力

也来自方方面面：一方面要终止某种业务以降低运营成本，另一方面又要保证银行收益实现持续增长。在我接手高管工作之前，银行的贷款亏损已经非常严重，所以高层决定先暂停无担保贷款业务，待出台完善的风险管理流程后再考虑继续。理论上讲，这一决定没有什么问题，但凡有点财务头脑的董事都应该表示认同，但我却极力反对。在我看来，银行可以减少无担保贷款业务，但不能一刀切地终止，这样会严重影响银行与客户之间的关系。如果客户为了获得无担保贷款而被迫选择其他银行，那么他们抵押贷款、存款和投资理财的业务也都将与我们银行无缘。可是谁能想到，当时在座各位听了我的担忧后竟然完全没有同理心，甚至火冒三丈。每次我们需要同时做出多个大胆战略决策时，每个决策之间都相互作用，因而很可能产生极其夸张的（非线性）效果，甚至让人无法将最终的结果与最初的原因联系到一起。我们再说回我之前在银行的经历：如果银行出现互助基金销售下滑的情况，基金部门的负责人很可能会把原因归咎于对一线员工培训不够到位，但其实真正的原因是无担保贷款业务的终止，很多客户因为无法获得相关贷款，把业务转到了其他银行，包括部分投资理财业务。在这样一个复杂的系统中，各种因素相互作用，而最终导致的结果还远远不止于此。

客户已经习惯了我行的无担保贷款业务，突然一下子停止，他们难免会有所担心，于是便会把越来越多的业务转去其他银行，因而造成我行一线投资顾问手中的客户越来越少。接下来又会发生什么？那就是越来越多的投资顾问会接到竞争对手人事部门打来的电话，他们也会开始认真考虑对方挖人的建议。总之，所有因素加在一起，最终造成的非线性影响异常严重：我行本来是加拿大第二大银行，只因为暂停了无担保贷款一项业务，排名很快就滑落到了第五位。

整个过程说来很简单，只用三言两语就概述了银行经历的复杂变化，但我想大家应该能够想象得到究竟发生了什么。其实类似的复杂系统不仅局限于银行，良性循环和恶性循环的例子在我们生活中比比皆是，这就要求我们对系统思维要有最起码的了解。事实上，即使我们对复杂的因果关系有了一定认识，想要找出其背后的规律也还是困难重重，因为随机的噪声总会跑出来干扰我们的判断。

手段二：随机事件——慎重对待随机的连续出现

如果有人让我们在纸上随便写出一连串的 X 和 O（比方说我们写的是 XOXOOXOXXOOO），我们一定以为自己写的这串 X 和 O 的序列是随机的，然而，计算机程序（或真正称职的统计学家）可不这么看。为什么呢？因为我们在书写这段序列时会刻意频繁变换，而真正随机的序列反而会出现大量的重复（即连续性）。我们的大脑之所以在 X 和 O 之间频繁改变，是因为我们对随机的本质还不够了解，随机性本来就包含连续性——即随机事件会出现天然群聚（即所谓的"泊松群聚"，这一概念由法国数学家泊松提出，是统计连续性的一种方法）。为什么会有"祸不单行"，为什么曲棍球、足球和橄榄球比赛中大多数进球都发生在前两节，为什么顾客都喜欢同一时间挤到收银台而之后却无人问津，所有这些问题都可以从群聚效应中找到解释。类似的例子不计其数，它们统统可以说明一个问题，那就是现实中的确存在群聚效应！

这一点非常重要，所以我想再重复一遍：人类总是低估随机事件的连续性，但正是这样的连续性以及一些惊人巧合让我们误以为事件之间存在一定的规律（事实上，这些规律毫无意义）。如果连续投3次硬币，3次都是正面或都是背面的概率是多少呢？竟然高达25%，你肯定想不到吧？那连续抛6次硬币，其中4次正面或4次背面的概率又有多大呢？答案是接近47%——这与大脑的直觉判断似乎有着巨大的差距。我们再来看一个例子：在随机的23个人中，两个人生日相同的概率有多大？答案也比我们预想的高很多，竟然高达51%。这些发现跟我们的生活似乎没有什么直接关系，但至少可以说明一个问题：如果我们把随机噪声错当成有价值的信号，那我们在其基础上做出的决定恐怕也会存在严重的问题。

随机性呈现出来的巧合总是大大超出我们的预期。

一旦出现连续性，我们就要区分它到底是有意义的连续还是随机的巧合，这件事做起来并不容易，这也就是为什么我们总会把运气和本事混为一谈。运气是随机的，但本事则不然。人一辈子的成就大都是二者共同作用的结果，很多研究都对随机运气在生活中所发挥的作用进行了探讨，具体包括一部电影能否成功（太多因素会影响电影票房的收入）、一场体育赛事会有怎样的结果（网球比赛的成败主要取决于技术，而在足球中运气则占了很大比重）、一家企业是不是会有优异的商业表现（因为战略运气不可能一直眷顾同一家企业，所以再伟大的公司也很难基业长青、江山永固）以及一次投资就能获得多少收益（真的很难说一位成功的股票投资人靠的究竟是本事还是运气）。当然，也有研究显示，无论在哪方面，都可能存在超出常理的表现，但我们真的很难界定促成该结果的原因究竟是随机运气还是实打实的本事。第一系统在寻找信号以证明确实是人的本事在发挥作用时，经常犯一个典型的错误，那就是它会抓住一切容易获得并且可以测量的信息，但是，基于这些信息得出的结论很多时候都不足为凭（比方说，互助基金 5 年的业绩表现）。运气的噪声存在于生活的方方面面，或多或少都会对事件的结果产生影响，因而也害得我们无法准确判断本事究竟发挥了多少作用。

因为我们对随机性认识不够，
所以很难判断促成事件结果的究竟是运气还是本事。

区分本事和运气的方法主要有两个，不管使用哪一个都可以降低我们过度解读随机连续性的风险。第一个办法是交给时间，纳西姆·尼古拉斯·塔勒布曾把时间描述为"噪声消除器"。短期来看，技术的确可能被运气影响，可能是好的运气，也可能是坏的运气，但长远来看，好坏运气会相互抵消，剩下的则是技术本领所能产生的结果。话虽如此，究竟多久才能见分晓呢？具体还得看是什么活动。如果是国际象棋，棋手的水平一场比赛就能初见端倪，再经过一两场的验证便可以直接盖棺定论。与之相比，要想判断公司高管或首席执行官的真实水平，我们可能需要相当长的时间，因为公司在运营过程中会出现很多干扰的噪声，有些是随机的，有些则不是，包括上一届管理层所做的决定也会对当下的经营状况产生影响，而当下决策的成效往往需要过一段时间才能有所体现。公司运营与运动员、牙医或会计等行业不同，后者的短期业绩表现与当事人的才华直接挂钩，但公司的短期业绩并不能反映出近期做出的决策是否明智，因为很多政策的影响都需要长时间才能有所体现，比如投资一项新技术或停产一条生产线，其短期影响并不能真正说明问题。如果时间周期太短（且数据样本又太小），那噪声就会左右我们的判断，随机连续性的出现更是极具欺骗性，因为时间短，变数完全没有机会发挥作用。

那我们该如何判断互助基金经理的真实水平呢？我在担任银行主管时主抓的就是互助基金这项业务，当时这个问题也给我造成了巨大的困扰。当然,要想把这个问题解释清楚,至少得写一整本书(我当时也确实写过2本),简而言之,不管是哪位投资经理,在我们回顾其投资表现时都要清楚一点,那就是其中包含了太多的随机噪声,要想对其有一个准确判断,区分出运气和本事,你至少需要20年的时间。投资行业的传奇人物美盛资本的比尔·米勒连续15年跑赢美国股指,但随后几年的表现则非常不尽如人意,之前的收益好多都赔了回去。他曾在2006年第四季度的报告中写道,"投资表现之所以不理想,很大程度上是由于运气欠佳"。

那段时间,我工作的最大挑战就是选出真正有本事的基金经理,希望他们的投资决策能够帮助银行在与其他对手的竞争中脱颖而出。为了规避风险,我们多方投资,打造出了当时加拿大最大的指数基金业务。指数基金的目的不是跑赢别人,"仅仅"为了追平所选股票的指数变化。"仅仅"一词用在这里其实有些欠妥,因为历史上指数基金很多时候都能打败基金经理,而且时间越长,结果越是如此。在我看来,我们银行之所以能在基金销售业务上领先行业,之所以能够为客户的混合投资创造奇迹,之所以能够帮我迎来事业上的转机全权负责加拿大所有分行乃至跨国的零售业务,都得益于我对随机性的深刻认识。只可惜,我之后未能继续大展拳脚,具体原因我们将在本章的最后再详细说明。

我们再来重申一下,认识随机性的第一种办法就是交给时间,对此我想再补充最后一点：一个人，即使已经有了55年的工作经验，也不一定能成功屏蔽随机连续性这一噪声，这项任务太过艰巨，一辈子的时间根本不够用。我们中有些人的运气总是很好，有些人则总是走背运，然而，我们关注的往往只有那些佼佼者，他们才华横溢，而且勤勤恳恳，这些特质满足了我们对成功的所有想象。至于那些同样有才华、同样肯努力却未能出人头地的群体，我们则不会给予关注，他们也不会出现在我们的视野中。同样是有才华、肯努力的人，最终是什么因素决定了谁能功成名就呢？答案只有一个，就是随机的运气。

这样，我们就讲完了第一种消除噪声的办法，那就是交给时间。但其实，除了等待，还有另外一种办法也能帮助我们区分噪声和信号，操作起来就是不仅要看结果，更要仔细评估产生结果的过程，在选择投资经理时，这一办法尤为关键。决策和结果并不一定总能匹配，正确的决策很可能产生不好的结果，反之亦然。之所以会如此，就是因为运气在其中发挥了作用。但是，如果我们能撇开最终的结果，转而仔细评估决策本身，就能更加准确地判断出导致最终结果的究竟是本事还是运气。因为决策过程本身是最为纯粹的信号，因此研究它不太容易受到噪声的干扰。这也就是说，要想判断决策的有效性，我们必须充分了解决策的过程，我们是否认真思考过反对的声音和依据？是否深入探讨了最坏的结果及引发该结果的条件？是否严肃推敲过各种可能的结果？要想准确评估一位基金经理的能力，又无法拿到他20年的投资表现，那么我们能做的就是深入其大脑，充分了解其决策过程，这是区分技术本领和随机运气的唯一有效手段。我面试过无数投资人，积累了很多有用的问题，通过提问，可以对其业绩表现是否源自其专业技术做出一定的判断。

可以这样说，提问是帮助我们从复杂生活中筛选出真实信号的最有效的办法。

手段三：提问——问题越多，判断越准

哲学家马丁·海德格尔（Martin Heidegger）的话道出了我的心声，他说："质疑才是对思想真正的虔诚。"伏尔泰也表达过类似的意思，他说："判断一个人最好途径是听他提出的问题，而不是给出的答案。"

如果处理复杂问题时出现信息遗漏，而且缺失的信息还很重要，那我们有必要把隐藏的信息挖出来搞清楚。提问是挖掘复杂性的重要工具，只可惜大多数人对此并不擅长。

首先，第一系统总是催促我们尽早做出判断，因而导致我们无法提出足够数量的问题。请大家思考以下这个问题：一个15岁的姑娘说想马上结婚，她应该想清楚哪些问题，最终又该做出怎样的决定呢？心理学家保罗·巴尔特（Paul Baltes）和他的团队做了一项研究，希望通过个体对这类问题的回答来评估每个人的心智能力，具体包括移情能力、洞察力以及对不明确事情的容

忍程度。他们在研究中将人们对这一问题的反应分为两种：一类是命令性的（"她太年轻了，不可以结婚"），另一类是提问性的（"她是遇到什么难处了吗？她是不是怀孕了？她所在的地方早婚是不是一个普遍现象？"）。在巴尔特等人看来，心智的表现就是在面对复杂问题时懂得用提问的方法寻找遗漏信息。

对于大多数人来说，我们不仅提问的数量不够，提问的方式也不对：问题不够深入，因而很难避免答案的片面性和敷衍性。我们喜欢问的都是那种消极的封闭式问题（"为什么咱俩的关系这么差？"），这样的问题催生出来的答案很难有什么实际用途，最终的效果也远不如建设性的开放式问题（"我们俩的关系怎样才能有所改善呢？"）。提问的方式决定了我们会得到怎样的答案：如果我们的面部表情、说话语气和问题本身都能传达一种对同情的渴望，对方给出的答案往往也会是对我们内心想法的印证。比方说，一对夫妻吵架了，吵得很凶，双方与各自的好友分别描述了吵架的过程，结果自然显而易见：两个人都会从自己的朋友那里得到同情和理解，而因此更加确信错的不是自己而是对方。因为两人在讲述事情的来龙去脉以及向朋友提问时，其表达的方式就注定了会得到内心想要的答案（"这件事不是我反应过度，对吧？或者，你能想象他们会做出那样的事吗？"）。因为第一系统总是急于做判断、下结论，导致我们很少能问出真正有用的问题——真正的问题往往与我们最初的直觉相悖，需要我们挖掘出真正的依据。我们之前已经讲过，因为第一系统存在急于确认的偏好，所以我们大多不愿意提出那些可能证明自己判断有误的问题。然而事实上，比起确认的证据，反而是那些驳斥的证据更有说服力。第一系统喜欢提出简单的问题（以保证获得想要的简单答案），而这样做的代价就是（需要花费心力、勇于挑战自我的）困难问题彻底失去了生存空间。

要想运用第二系统的元认知，必须开启"间隔时空"，因为只有在那里，我们才能提出重要问题，找回遗漏信息。我对整个系统的考察周全吗？我本人在系统中扮演了怎样的角色？我该如何打破直觉深入思考？怎样才能对事态发展做出真正的贡献？第一系统提不出这些问题，但第二系统可以，前提是我们需要为它提供足够大的发挥空间。我们回忆一下之前讲过的问题，如果我们发现事态具有很强的不可预测性，基本就可以判定自己遇到了复杂状况，而这也正是我们开启"间隔时空"的信号，只有走进"间隔时空"，我们才能启用提问思维，才能找到有价值的遗漏信息。

第一系统提不出有难度的问题，但第二系统可以，前提是我们得给它提供足够大的发挥空间。

在我看来，判断一个人是否具有领导力，提问水平是一个非常有用的衡量指标，任何领域都是如此，所有高绩效的领导者都非常擅长提问。为什么会这样呢？不管你在什么机构任职，你的职位越高，距离一线员工就会越遥远，由此导致你很难掌握很多重要的细节。可以这样说，一旦我们走到了最高的位置，比方说公司的首席执行官或董事会主席，首要的一项工作就是建立有效的对话的机制：只有有效的对话机制才能催生出深刻的对话，才能提出切中要害的问题，才能激发出不同的观点。通过有效提问，我们可以找到遗漏的信息，否则，对方很可能会因为担心与众不同而保持沉默。那究竟什么才算得上是有效提问呢？我们可以先看几个例子："有没有人还有新的想法？""有没有人觉得我们遗漏了一些信息，而因此影响最终决定的效果？""有没有什么问题应该被讨论却被我们忽略了？"这些都是有价值的问题。海德格尔和伏尔泰都曾经表示过，提问能力对任何人都有用，不一定非得是首席执行官或是董事会主席。我们要学会提出具有探索性的开放式问题，否则就会陷入提出另一种问题的冲动——即那种内心已经有了预设答案的问题。提问这个手段之所以有用，是因为它能有效遏制我们凡事简而化之的冲动。深刻的问题可以帮助我们找到遗漏的信息，从而揭示出复杂情况的本质。不过话说回来，深刻的问题也可能害你丢了银行高管的工作。

我记得一天下午，银行所有高管都被召集到会议室开会，主持人宣布银行要花20亿美元解决一场投资部门引发的官司。20亿可不是一个小数目，这意味着我们所有人一年的努力都白费了。我当时冒出的第一个想法就是如何跟我那18000名员工交代，他们没做错什么，可年底的奖金却泡汤了。我们的竞争对手一直都想要从我们这里挖人，若真的发不出奖金，形势对于我们来说将非常被动。终于，会议进行到了提问阶段，大家围坐在会议桌边鸦雀无声。于是，我打开自己面前的麦克风，提出了一个我认为很有必要的问题，即这个消息会对员工的薪酬造成怎样的影响，我希望在新闻报道出来后第一时间与他们沟通此事。我没想到大家的回应非常冷漠，但更让我没想到的是，这个"多余"的问题——一个我以为可以激发大家集思广益的问题——竟然害我瞬间失去了工作。回家后的我感到了多种不适，就连打印机卡纸这样的小问题我自己都解决不了。回想当初在银行上班时，如果出现类似的情况，我只需要让助理给技术人员打个电话，问题就可以瞬间得到解决。

难道就是因为我这不分场合、不分对象直接提问的毛病，我的事业就要彻底终结吗？或许是吧。事实上，我之前之所以能够晋升为银行最年轻的高管，正是得益于我善于提出切中要害的问题、发表直言不讳的观点。对我来说，丢了工作心里当然不痛快，但更令我难过的是，自己竟然没有意识到困难严重的程度，更没有做到因势利导，将其视作可以快速解决的简单问题，的确是我考虑欠周。事实证明，提问和其他系统思维的手段有相同之处，在实际操作中都具有一定的局限性。

如何应对困境

哲学家卡尔·波普尔（Karl Popper）曾经说过，"人生下来就）是来解决麻烦的"。生而为人，本来就会麻烦不断，我们的任务就是逐一攻克。不过，如果遇到真正复杂的问题，要想彻底"解决"并不现实。所谓复杂性，指的就是有些事我们可能根本找不到最佳办法，只能勉强接受或将引发负面效应的权宜之计；很多时候我们必须做好心理准备，接受没有所谓的理想办法，只能在不太满意的备选方案中选出最佳的一个。我非常喜欢经济学家托马斯·索维尔（Thomas Sowell）解释为什么政客比经济学家受欢迎时给出的理由，他说，政客可以对一些根本做不到的事给出承诺，但经济学家却"总是在提醒人们……很多事情并没有真正的解决方案，只能在权衡利弊得失后做出相应的取舍"。至于说问题与困境之间的区别，哲学家亚伯拉罕·卡普兰（Abraham Kaplan）给出了如下解释：问题可以被彻底解决，但困境只能尽力应对。我想，他在分析二者的区别时也一定想到了解决与取舍之间的差别。困境是永久的痛苦，无法真正解决，但我们又不能听之任之，不仅要持续关注，而且还得不断调整应对措施。生活中的许多（其实说成大多数也不为过）复杂情况都属于"困境"，而不是简单的"问题"：亲密的关系、事业的发展、孩子的教育，以及自我实现的追求，都是无法得到根本解决的困境。第一系统特别讨厌模棱两可，如果没有间隔时空，如果没有第二系统的豁达和耐心，我们很容易把困境误会成可以解决的问题。那样的话，无异于给自己挖了一个大坑，恐怕是要难过痛苦一辈子了。

之前我就说过，我是一个极致的完美主义者，所以很难安心接受脑子里冒出的第一个所谓不错的办法；面对困境时，也很难遏制想要将其彻底解决的冲动，哪怕是粉身碎骨也非要找到无可挑剔的解决办法。然而事实上，困境根本没有解决办法。当我还是一名负责具体业务的年轻高管时，我对自己主抓的业务可以充分贯彻自己的想法，这些业务系统虽然复杂，但都界定清晰，属于可以解决的问题。但后来，随着我的职位越来越高，我开始管理成千上万名员工，每天除了处理大量紧急事件外，还要应对上级发来的指令。从那些指令来看，我根本体会不到上级对复杂事件及其复杂程度的重视。所有事情累积下来，我发现自己陷入了难以应对的巨大困境。可问题是，当时的我并没有意识到自己面对的状况——要想妥善处理，必须抱有对不完美方案的高度容忍，包括承认人为控制的局限性以及工作进展的缓慢速度——就这样，我明明在跑马拉松，却一开始就开足了马力。要知道，如果你一心只想找到理想方案，还总惦记着把自己的想法强加给他人，那即使面对的是之前提拔你的人，你也很难做到适可而止。如果对方本来就不爱听取不同意见，而你说话时又不懂得讲究技巧，那你接下来的事业发展恐怕不可能是晋升，而只能是出局了。

　　困境本来就无法解决，能有效应对就已经不错了。我先后离过两次婚（如果没记错的话还先后见过六位婚姻咨询师），现在我已经清楚地认识到，亲密关系中蕴藏着非常明显的困境特质，两人之间的差异很多时候都无法调和，只能通过敏锐体会尽量做到共情。婚姻如此，养育子女也是如此。我有两个女儿，养育她们的过程中出现过很多问题，有些问题根本找不到解决办法，只能慢慢适应、慢慢调整。如果你也能明白人生中很多问题都是无法解决的困境，那你对自己（和他人）便不会那么苛刻了。

生活在21世纪的今天，如果我们遇到的所有问题都简单明了，都可以找到唯一的解决办法，那我们也不必活得如此辛苦了。只可惜，这一假设根本不成立。要是你也能领悟到卡尔·荣格的智慧，你的人生或许会好过很多。荣格在风烛残年之际曾在自己的作品中写道："我终于明白，人生中最为重要的问题往往都无法从根本上得到解决。"13世纪作家鲁米（Rumi）也在其诗作《大马车》中发表过类似的感慨："这世间除了对错，还有很大的中间地带，我将在那里等着你的到来。"

这句话刚好影射出了人类第二个设计缺陷。

每天都要提醒自己：
要想解决内心的困惑，系统思维才是王道。

如遇复杂问题，请问自己：
系统中隐藏了哪些可能被我遗漏的重要信息？我要把它们找出来才能更好地认识问题并采取行动。

第 5 章
认知缺陷二：沉迷定数执念

> 人类满足好奇心的做法与其说是为了获得快乐，不如说是为了摆脱不安；被蒙在鼓里的痛苦要远远大于心知肚明的快乐。
>
> ——塞缪尔·约翰逊（Samuel Johnson）

内心笃定是人类最强烈的情感需求，
而我们却对此毫无觉察。

文首塞缪尔·约翰逊的话乍一听或许有点难懂，但它非常精辟地概括了本章的主要内容，这位 18 世纪大师的核心意思是：人类解决问题是在"满足自己的好奇心"并可以从中获得快乐；人类忍受不了被蒙在鼓里的痛苦，所以搞清原委的过程也会让人获得快乐,而且快乐的程度要远远超过前者。"被蒙在鼓里的痛苦"具有很大威力,这也是为什么人类总是沉迷于对确定性的执念。

我们之前讲过人类大脑的第一个设计缺陷是奢求简而化之,本章要讲的第二个缺陷与第一个可谓是同胞兄妹,有着密切的关联。人类不仅凡事都想简而化之,而且还对我们简化的结论确定无疑。过度简化常常伴随着过度自信,我们不仅以为自己瞬间就能把事情搞清楚,而且还对自己的判断非常自信,这就是人类大脑的特点。话虽如此,我们必须承认,大脑的快速判断很多时候都是正确的,特别是当我们面对一些已经掌握要领的简单问题时,我们完全可以相信大脑的判断。但问题在于,我们的认知设计会导致我们过于自信,遇到较为复杂的问题时,盲目自信就会造成非常严重的后果。人类的过分自信从何而来呢?罪魁祸首就是第二个设计缺陷,即我们天生对确定性的执念,这个坏习惯让我们凡事都想尽快搞定——因而得出了很多过于草率的结论。

要想对抗这种执念,我们需要像对付过度简单化一样,首先认清关于人类大脑的四个真相。第一个真相是人类真的很懒,并非遇到什么事情都舍得花费力气,究竟哪些事情需要深思熟虑,我们选择起来非常苛刻。不仅如此,我们只要觉得自己找到了差不多的答案,便不会再多花哪怕一点精力去查证核实,更不要说主动寻找可行的替代方案了。为此,心理学家还特意发明了"认知吝啬"一词,就是想用它来描述人类对于花费精力集中思考这件事有多么小气。

第 5 章 | 认知缺陷二：沉迷定数执念

人类对于花费精力集中思考这件事特别吝啬
——差不多即可，绝不愿多想。

真相一：人类在认知上是个吝啬鬼

心理学家谢恩·弗雷德里克（Shane Frederick）曾经做过一个实验，想通过它说明人类认知吝啬的现象，我个人觉得他的实验非常有说服力。实验过程很简单，只是用了一道简单的数学题就充分展示了人类动用心智时的懒惰程度。具体的题目是这样的：球拍和球一起购买，价格为 1.1 美元，但如果单独购买，球拍的价格要比球贵 1 美元，请问球的价格是多少？很多人不假思索地就给出了 10 美分的答案，但是如果球真的是 10 美分，而球拍又比它贵 1 美元，那就意味着两样东西加在一起是 1.2 美元，这个结果比题目给的信息多了 10 美分。我们只要稍加思考就能算出球的价格应该是 5 美分，而球拍又比球贵 1 美元，所以球拍的价格应该是 1.05 美元，与球的 5 美分加在一起刚好是 1.1 美元。

这是一道非常简单的题目，但是很多人都算错了（毕竟很多人都不擅长心算）。但这并不是问题的关键，这个实验反映出的最大问题是，几乎没有人会检查一下自己的计算结果，两样东西加在一起到底是不是 1.1 美元，大家似乎根本不在乎。为什么我们不能多花几秒钟检查一下自己的答案呢？原因只有一个，就是为了节省精力，这跟我们懒得爬楼梯选择走扶梯，上了公交车喜欢坐着不愿意站着是一个道理。

由于认知吝啬的存在，人类的初始设置就决定了不管我们面对什么事，总喜欢寻找最简单的解释方法。心理学家基思·斯坦诺维奇（Keith Stanovich）说过，我们"只愿意处理那些最容易构建的认知模型"，处理完便大功告成，除非迫不得已，否则我们不会重新审视自己的结论。这也就是说，一旦我们认为自己已经把事情弄明白，就会默认工作已经完成——不会再尝试寻找其他途径和方法。人类做出判断的过程就是"得过且过"的过程，心理学家赫伯特·西蒙（Herbert Simon）认为"得过且过"可以准确描述人类喜欢接受第一个差不多答案的习惯状态，我们之所以如此，就是为了节省认知过程中所花费的精力和时间。"得过且过"听上去似乎无可厚非，毕竟选择伴侣前，我们没办法认识这个星球上所有的人；找工作时，也没办法尝试每一种工作；买车时，不可能把每辆车都试驾一遍；哪怕是买房这样的大事，也无法看遍所有待售房子。稍做功课，再从中做出最佳选择，似乎也是人之常情。但问题在于，即便在理解自身感受或对外界和他人做出判断时，我们也会奉行"得过且过"的原则，只要出现了第一个合理的解释，我们便会毫不犹豫地欣然接受。

真相二：人类做判断时奉行"得过且过"

"得过且过"的工作模式是第一系统的一大特点：第一系统的工作通常在无意识的情况下进行，持续的时间非常短，一旦我们获得令人相对满意的解释，整个过程就结束了，而同时，我们也会把该解释锁定为自己的最终判断。"得过且过"在过去是一种非常聪明的生存对策：那时候，人类的生存环境虽然危险恶劣，但一切都一目了然，所以只靠一些简单的视觉信号，人类就可以做出快速的"得过且过"的判断，帮助自己应对遭遇到的直接困难。当初，人类祖先对外界所做出的"得过且过"的判断绝大多数情况下都算可靠，因此自然选择才保留了这种模式，让它成为我们日常做决定时最常用的手段。毕竟，面对外界最为直接的危险和挑战，快速判断至关重要，过程中我们也要对自己的决定保持足够的自信。

> **"得过且过"（即接受第一个相对满意的选择）是人类的一大设计特征，这样做既可以节省精力，又可以快速做出反应。**

虽然所有人都要仰仗"得过且过"才能活下来，但在心理学家眼中，人和人之间还是存在差异，所以他们把人分成了两大类，一类总是得过且过，另一类力图追求极致。绝大多数人都是前者，只有很少一部分人属于后者。"得过且过"之流凡事都不强求，说得过去就行，但追求极致之人始终都会把完美作为自己努力的目标。我就是一个历经磨难的完美主义者（第3章中提到过女儿对我的评价），我可以用自己的亲身经验告诉你，追求极致真的非常辛苦，但每次做出"完美"决定后，也能体会到"得过且过"永远无法感受到的快感（或轻松）。买房子的话，我会逼迫房产中介（和前妻）必须找到完美的房子，否则绝不善罢甘休。朋友们都说特别害怕与我见面后最初的15分钟，在餐厅坐下后我会就菜单内容向对方连珠炮般地发问。或许正是这个原因，不止一个我曾经约会的对象问过我，"咱们这到底是约会还是面试"？（事实上，"网上交友"对我这种追求极致的人来说是一个绝好的发明，在我追求完美的过程中，应用程序可以帮助我屏蔽掉很多选项，当然，这样无限期地搜索下去也存在着巨大风险……很可能临终之际还是孤身一人，只有女儿在一旁不停地数落你，说你就是因为挑三拣四才会孤独终老。）

我们在第3章列出了人类做判断时的几大偏好，正是这些偏好导致我们总是会草率做出判断，而且还把"得过且过"的标准越降越低——也就是说，我们的认知偏好会让我们更容易接受某些特定的想法，符合以下标准的想法就特别容易受到青睐：

- 该想法源于易得信息（"易得信息偏好"）。
- 该想法有明确的证据支持（"急于确认偏好"）。

- 该想法符合我们之前的认知（"为我所用偏好"）。

人类总想花最少力气、用最快速度对事物做出判断，喜欢那些能够快速获取的信息以及能够支持假设的证据。除了直接的感官体验，人类最容易获得的信息就是自己事先预设的想法："为我所用偏好"指的就是已有想法对我们解读全新体验所造成的影响。心理学家丹尼尔·卡尼曼曾经说过："外部观点与内部观点竞争时，前者一点胜算也没有。""为我所用偏好"会不断强化我们之前的想法，从而扭曲我们对世界的认识，最终导致我们对那些与既有想法不符的观点完全丧失探索的兴趣。很多新奇想法得不到重视当然有其自身的原因，比方说飞行的牛、会说话的树，因为它们与我们过去的认知体验格格不入。但是，也有很多想法听上去一点也不荒谬，它们只是不符合我们既有的认知体系，对于这样的想法，我们会怎样做呢？我的反应大多也是拒绝，除非刻意为之，否则它们根本进入不了我们的认知系统。我们之前说过人类大脑有认知吝啬的毛病，对于很多有难度的想法我们根本提不起兴趣。想想看，同样是一篇负面报道，如果写的是我们喜欢的政客，我们一定会报以怀疑的态度，但如果写的是他们的竞争对手，我们的态度则会立马变得热衷起来。

人类认知的三大偏好要想发挥作用离不开第一系统的下意识思维：大脑在解读外界传来的数据时，"得过且过"模式会限制我们的思维，让我们只考虑那些容易获得并且确认符合我们之前预期的想法。在心理学家看来，正是由于这些认知偏好的存在，人类成不了公正无私的法官，只能是为一方辩护的律师，因为法官会收集所有相关信息以确保自己做出冷静的判断。

"得过且过"的一个关键因素是确定的程度，即是否可以作为"盖棺定论"的结论。要想拒绝一个可以"得过且过"的结论非常困难，因为当初我们已经体验过内心的笃定——这种感觉威力非常强大，虽然它跟所有其他感受一样，都是第一系统的本能反应，但我们却凭此认定了自己的判断就是事实。切到手指，我们会感觉到疼痛；失去爱人，我们会感觉到难过；搞明白一件事，我们会感觉心里有底。神经学家罗伯特·伯顿（Robert Burton）曾经说过："内心的笃定……其实并不靠谱，那只是人类的一种心理感受。"

真相三：内心笃定不过是一种心理感受

有些心理学家把内心笃定称为"心里有底"，这种感觉之所以普遍而强烈，是因为人类特别害怕对与自己有关的事情一无所知。伟大的精神医学大师欧文·亚隆（Irvin Yalom）曾经说过："不管发生任何情况或是遭遇任何外界刺激，如果我们找不到其中的规律，就会感到焦躁不安，除非能够将其归入某种我们了解的模式，否则我们会一直痛苦下去。"我们天生如此，只要有什么弄不明白的事情，就会非常难受，就会想方设法把事情搞清楚：丛林中神秘的动静究竟是什么？朋友为何会背叛我？我为什么没有得到晋升？所有这些问题，如果找不到答案，我们就会处于一种"失控"的状态，就会想办法解决。我们的神经内分泌系统也在一直朝着这个目标发展演化：交感神经系统会分泌应激激素（皮质醇和肾上腺素），这些激素又会激活我们的警觉反应，让我们紧张不安的正是这种反应，除非我们可以重新获得掌控感，否则这种情绪会一直持续下去。人类的许多痛苦都源于强烈的控制欲，我因此想到佛陀的又一条箴言——痛苦源于欲望。我想在这句话的基础上稍作修改，在我看来，人类的痛苦是源于对外界的控制欲。

人类天生就害怕失控，凡事都想求得内心笃定，
——好让自己获得掌控感。

开车时，如果汽车打滑，我们会非常紧张，但是，如果轮胎找回了抓力又可以正常转向了，我们的内心就会恢复之前的平静。与之相似，当大脑找回对外界事物的抓力，又可以对其加以了解甚至预判时，我们的内心也会恢复平静，被蒙在鼓里的焦虑终于被心里有底的心安所取代，内心重新获得一种平衡，感觉自己又掌控了一切。被蒙在鼓里的感觉太难受了，所以我们极度渴望把事情搞清楚，而且越快越好，这样才能尽早享受笃定带给我们的平静。

真相四：人类总是急于盖棺定论

快速搞清事态当然有利于人类的存活：远古时代，人类生活在洞穴里，如果凡事都犹犹豫豫，那我们根本活不到今天。面对生死攸关的选择，我们没有时间思前想后。一旦有了明确的结论，我们便不会再有所怀疑，而这种自信又会不断巩固我们凡事都急于盖棺定论的心态，为了获得内心的平静，我们会想办法尽快结束被蒙在鼓里的痛苦。我们已经习惯了"得过且过"，但凡找到一个可行的解释，便不会再继续探究，因为已经消除了被蒙在鼓里的痛苦。我们喜欢心里有底的感觉，那种感觉很踏实——比起一无所知的痛苦，我们当然渴望搞清事态。我们迫切希望用"得过且过"的方式快速搞定一切，如果遇到的都是简单问题，仅凭第一直觉就能做出判断并加以应对，那这种做法也没什么不好，毕竟能够帮助我们第一时间摆脱危险。

但是，一旦复杂程度升级，"得过且过"便失去了自身的优势。如果事情很复杂，简而化之的习惯就会导致我们忽略很多（难以获得、难以确认且不符合我们之前预期的）关键信息。如果人类遭遇的问题需要认知体系更加灵活的应对方式，那"得过且过"就从设计特征变成了设计缺陷。

第 5 章 | 认知缺陷二：沉迷定数执念

特征变成缺陷："得过且过"沦为"沉迷定数执念"

人类渴望答案，也需要答案——人类大脑的初始设计决定了我们必须要找到答案，不仅如此，我们还盼着能以最快的速度搞定一切。我们急于盖棺定论，因为我们对确定性有着一种难以摆脱的执念——也只有这样才能消除内心的痛苦，消除被蒙在鼓里的焦虑，内心笃定的自在感比被蒙在鼓里的失控感不知要好上多少倍。对于生活中无数简单问题，我们锁定的第一个合理解释往往都是最佳答案，或者至少可以满足我们的内心需求，让我们有理由感到心里有底。如果让我们全盘否定自己的判断，我们就会陷入严重的自我怀疑，导致根本无法做出任何理性分析。

沉迷定数执念并非一无是处，若不是它，人类根本活不到今天，因此不能将其彻底摒弃。

但是，当我们面对的是复杂问题时，"得过且过"的办法很难保证我们对问题做出正确的判断。这种被我们的自信心不断助长的轻易盖棺定论的模式在遇到复杂问题时，得出的判断大多都过于草率，毕竟第一个差不多的解释往往都来自过度简化的评判——人类凡事都想简而化之，对自己得出的结论自然也是如此。除非有无法反驳的明显证据促使我们重新审视最初的结论，否则我们对确定性的执念会一直阻碍人类吝啬的大脑对事情做出进一步的探索，当然就更别指望我们能去主动寻找可以推翻自身假设的反例或是更接近真理的其他解释了。对确定性的执念剥夺了人类对事物更加深入、更有成效的理解。当"得过且过"的模式遇到复杂事物，我们对确定性的执念就变成了一种错误认识，而我们从中获得的自信也变成了过度自信。

"得过且过" + 复杂事物 = 过度自信

如果我们在面对复杂事物时还急于得出结论，那我们判断错误的概率就会大幅增加，正所谓欲速则不达，我们总得在速度和准确性之间做出取舍：得出结论的速度越快，留给我们探索遗漏信息、思考其他解释、审视直觉反应的时间就会越少。买房子或找工作时，我们知道自己的选择做不到完美，毕竟调研的样本数量有限。但是，当我们对复杂的外界做出"得过且过"的判断时，往往会对样本有限这件事视而不见，这才是问题的关键所在。无论是处理各种人际冲突、梳理互联网上铺天盖地的信息和观点，还是帮助孩子应对令人沮丧有时近乎残酷的社交媒体，抑或是制定企业战略、评估政府政策，我们所面临的挑战都不是自己擅长的那种看一眼就可以解决的简单问题。可是，我们太过自信了，不懂得要对擅长的问题和复杂的问题加以区分。我们对自身的认知缺陷视而不见，对自身的逻辑欠缺、感性判断、错误记忆和认知偏好毫无认识,做很多决定时还是基于自然选择的原始方式,最为关键的是我们还对自己的判断扬扬自得、沾沾自喜。

两位心理学家发明了"理解深度错觉"这个概念,他们想用它来描述人类"误以为自己对世界有深刻理解"这一现象。人类之所以会过度自信,正是受到了该错觉的鼓动。两位心理学家指出,人类之所以会产生这样的错觉,原因主要有两个,一我们是"新手科学家",二我们是"新手认识学家",具体来说就是,我们对于大部分现象的认识都十分浅薄,对自身存在的认知缺陷更是认识不足。其他动物的认知功能也不够发达,而且对此也毫不自知,但它们并不会因此而遇到什么麻烦,毕竟它们的生存环境与它们的生存技能基本可以匹配。但人类就不同了,我们面对着太多、太多复杂的事物,许多事情都很难理出头绪。

我们一旦觉得自己对某事有了认识,哪怕理解非常肤浅,也会信心满满地展开行动,仿佛一切真的尽在掌控之中。而事实上,知道东西越少的人,反而会越自信!我们在上一段提到了人的"理解深度错觉",这种错觉会继而引发"邓宁-克鲁格效应",两位心理学家希望用这个概念来描述人类自信程度和知识储备之间的反比关系。在认识事物的过程中,我们走得越深入,就会发现越多的不确定性、矛盾之处以及更多深层次的问题;但是如果我们止步于表面的浅显认识,那反倒可以避免复杂性带给我们的困惑(如果这世上举办一场规避复杂性的比赛,人类绝对可以傲视群雄)。达尔文非常贴切地表达过类似的意思，他说："比起学识，无知往往更容易让人感到自信。"

　　当今时代，很多信息和推文都劝我们用简化的方法解决日益复杂的问题，不仅如此，它们还告诉我们要对自己的想法保持最大的信心，对此，我表示无法理解。如今，社会、经济、政治和行业的复杂性都在急剧增加，而24小时不间断的新闻报道和信息爆炸的社交媒体平台却在将事实做无限简化处理。我们可以做这样一个预测：如果我们持续不断地将信息理解成简单因果关系的集合，并因此掩盖复杂问题的复杂因果脉络，那人类的"理解深度错觉"将变得越来越严重。

　　我们对定数的执念以及由此产生的过度自信不仅会影响我们的决策，还会威胁到人类最宝贵的特质——即我们与他人的关系。我们的固执己见会激发不合理的情绪，助长我们与他人发生争执，因为我们总以为错的不是自己，而是他人。沉迷定数执念会破坏我们与他人的互动关系。

**沉迷定数执念会威胁到人类最宝贵的特质
——我们与他人的关系。**

　　那我们该如何克服这样的执念，从而避免得出草率的判断呢？

做出改变：从主观判断走向科学方法

人类的过度自信源于第一系统毫无意识监管的自动反应，要想改变这种状态，我们必须让第二系统思维参与到判断的过程中来，从而有效克制我们对确定性的执念。我们要让第二系统发挥自我监管功能，这种功能类似于我们控制暴饮暴食、过度消费及乱发脾气时的行为。想要克制我们对定数的执念并非易事，具体原因有两个，之前我也提到过，在这里再强调一遍。第一，我们不太能意识到自己需要自我监管——只要我们感觉心里有底，就会想当然地认为一切尽在掌控之中，这就是我们前面提到的"邓宁－克鲁格效应"。第二，我们无法像戒烟、戒酒或戒甜食一样一下子戒掉我们对确定性的依赖，因为我们需要"得过且过"的模式，也需要确定性带给我们的安心感觉，毕竟一天下来，"得过且过"可以帮助我们快速做出很多决定，也可以解决很多简单的问题。

要想启动第二系统的元认知，我们需要进入"间隔时空"，只有在那里我们才能充分意识到自己对事态的判断可能过于盲目——而过于草率的本能判断很容易让我们误入歧途。只有进入"间隔时空"，我们才能充分发挥第二系统的元认知功能，并始终牢记丹尼尔·卡尼曼的教诲——我们之所以会对自我判断感到自信，并不是因为我们通过深刻的理性分析确定了判断的正确性，而是单纯因为我们的此次判断符合之前的很多想法，那种感觉令我们感到非常踏实。这也就是罗伯特·伯顿提到的"内心笃定",然而"内心笃定"只是一种感觉,与经得起验证的真正知晓不是一码事:"'我确定'只是一种心理感受,而不是真正经得起推敲的结论。"

我之前一直没读过尼采的《偶像的黄昏》,该书创作于1888年夏天,出版4个月后他就因精神疾病被送进了精神病院,而且很遗憾,再也没能康复。我们本章探讨的很多观点其实尼采在自己的书中都提到过,只可惜过了很久才得到学界的重视。在西蒙提出"得过且过"的观点之前70年,尼采就在书中写过,"人类喜欢用熟悉的语言对未知事物做出解释,一旦有所发现,就会理所当然地将其理解为事实"。至于人类这样做背后的原因,尼采也给出了说明,"对于未知世界,人们会感觉到危险、不适和担心;要想消除这些负面感受,我们本能的第一直觉就是……赶紧给它找一个解释,不管正确与否,有就比没有强"。另外,"如果能从未知事物中找到一种熟悉的感受和解释,我们就会倍感放松、释然和满足"。前面我们提到过"易得信息偏好"和"为我所用偏好",尼采在他的书中也有所涉及,他说:"人类总会想方设法以最快速度摆脱之前从未体验过的陌生感受——最有效的办法就是找到最熟悉的解释。"大家都说尼采有很多不着边际的想法,但我们绝不能因此否认他是一位敏锐的心理学家。我之所以现在才提到他,并不是想做事后诸葛亮,只是带领大家过渡到我们下一章将要探讨的问题,尼采不仅对人类的定数执念做了总结,还为它找到了救治的良方。

只有进入"间隔时空",我们才能成为更专业的科学家(从而更好地应对复杂问题),也才能成为更优秀的认识学家(从而真正认识到我们大脑的弱点)。具体该如何操作呢?简单来讲,当我们感觉定数执念已经无法为我们提供有效帮助时,就应该毅然决然地摆脱掉这个缺陷。具体又该如何摆脱呢?我们可以借助一个重要的科学原理以及三个无可替代的手段,也可以说,我们要一路跟随尼采的指引。

关于人类:
人类天生急于对事情盖棺定论。

关于现实:
真正的现实往往与我们最初的判断大相径庭。

第 6 章
补救措施二：克服定数迷恋

所谓真相，不过是某一物种赖以生存的错误认识。

——弗里德里希·尼采（Friedrich Nietzche）

遇到复杂情况，一味的教条只能让人类沦为低等动物。

上面这句话讲得十分精辟，用了不到 30 个字就将我们对真相的认识以及对确定性的执念准确描述了出来！尼采写过不少类似的话，包括："真相的敌人并非谎言，而是人的坚定信念"以及"所谓真相不过是人的错觉，只可惜我们已经忘了它的本质"。他对真相之所以有如此大的成见，是因为他认为人类总是将自己对世界的看法视为对现实的终极体现，但事实上，那些只是我们一厢情愿的看法和解释。不管你是否赞同尼采对真相的认识，至少有一点你不会反对，那就是我们眼中所谓的真相确实值得怀疑，毕竟我们知道的每件事都要经过自身想法的过滤。他说得没错，"如果我们可以把有些东西看成小鸟、虫子、植物……那整个大自然也不过是我们主观意识下的一种存在罢了"。

我7年级时转学去了另一所学校，刚到那儿时，特别希望结交新的朋友。最先引起我注意的是沃伦，他有个特别诡异的习惯，每天早上国歌响起的时候，他都会昂首挺胸地走出教室。一天下午，我们下了体育课正赶去下节课的教室，我从后面追上他向他询问了他每天早上的神秘习惯——那是我们3年友谊的开始，随着我开始研究形而上学，我们变成了越来越好的朋友。

如果你熟悉耶和华见证会的宗教信仰和活动，就会理解我当时的困惑，他们认为只有上帝才是至高无上的，人类应该对上帝保持全面的忠诚，这也正是他拒绝唱国歌的原因。因为沃伦的缘故，我对耶和华见证会这一宗教多少有了些了解。不仅如此，对于我这个在世俗家庭中长大的青年来说，整个宗教信仰体系俨然就是一座迷宫，让我充满了好奇。你或许也知道，所有信奉该教的信徒，也就是耶和华见证人，心中都有一个共同目标，那就是劝更多人皈依（所以常常有人登门劝诫）。我对沃伦的宗教信仰太好奇了，一直没完没了地问他相关的问题，他倒是一点也不烦，从来都是非常耐心地回答我，我想他是在放长线、钓大鱼：要是最终能让我皈依，对于一个仅有 13 岁的见证人来说，绝对是大功一件。我完全沉浸在与他无休止的讨论和争辩中，每次去他家玩电子游戏，宗教信仰都是我们不会错过的话题。

然而讽刺的是，经过无数次的深入讨论之后，我竟然更加坚定了无神论信仰。沃伦越是想说服我，我越是坚定地相信没有一条合理解释能证明上帝的存在。不仅如此，我还越发觉得"信仰"这一概念存在巨大问题，我多次问过沃伦，如果上帝真是一位乐善好施的救世主，为什么会将不相信他的人拒之门外呢？沃伦每次的回答都一样——说那是因为我并不真心想要了解上帝。到最后，看到我总是拒绝参加他们的宗教活动，沃伦和他的家人逐渐对我失去了耐性。而我，也跟沃伦渐行渐远，直到我们 12 年级时，他退学去了一家隶属耶和华见证会的出版公司，在那里找了一份全职工作，参与宗教宣传材料的发行，我这才和他彻底断了联系。

当时的我，之所以对沃伦好奇，一个主要原因是对他们这类人的不解——沃伦是被所有老师和同学公认的我们年级甚至是全校最聪明的学生，他为什么会相信一些不着边际、不合逻辑的东西呢，包括相信世界末日即将来临这件事。我当时就在想，难道我们俩的心智没有相通的认识吗？两个天壤之别的信仰体系真的让我十分费解。我眼中不言而喻的错误观点，沃伦为何会如此坚信呢？我们两个人都心智健全，都对自己的信仰有着坚不可摧的坚持，可究竟是什么原因导致我们的信仰天差地远？我们俩都十分笃定,但我们的信仰截然不同,不可能都是对的,又或者,我对笃定的理解过于严苛了?

我们把真相理解为对现实的准确再现,一旦找到,心里就踏实了。但是"踏实"这件事其实很值得推敲,尼采就提出过以下观点,他认为,人类无法跳出自己的大脑站在客观的角度判断我们感知的世界与"真实"世界是否一致。我们暂且不必探讨存在主义和后现代认识论的复杂理论,只需找到一种补救措施即可,这样就可以修正我们对所谓"真相"的错误认识,缓解人类沉迷定数执念所引发的各种"症状"。

科学家对真相的理解比人类的初始设置要灵活一些,因为他们不会迷信所谓的确定性。

科学家对真相的认识比大脑第一系统漏洞百出的初始设置要灵活一些,因为他们追求的不是所谓的确定性,而是要找到可以佐证自己认识的依据,在他们看来,所谓真相不过是较高概率的可能性,即"经过推理得出的最佳解释"(这种对待真相的态度在法律法规中也可见一斑,比方说,民事案件中,定罪的标准是"证据为重"或"权衡最大可能性",而对于刑事案件,定罪的标准则要高得多,采用的是"无可置疑"的原则)。

科学家看待真相的态度为我们提供了宝贵的指导意义,在21世纪的今天,我们生活的世界比以往复杂得太多,很多发现都是临时真相：没错，所谓真相就应该是对现实的准确再现，但它并非永久不变，所谓的准确性只要有了新的信息或新的发现，随时可能被推翻或更新。尼采就曾经说过："人们坚信不疑的大部分'真相'在我看来不过是一种临时假设。"

我们之前说过，系统思维可以解决人类凡事简而化之的奢望，而临时真相恰好可以克服人类关于确定性的迷之自信。

避免过度自信的有效策略

我特别喜欢印度哲学家吉杜·克里希那穆尔提（Jiddu Krishnamurti）1929年一次演讲中提到的寓言，内容如下：

> 魔鬼和他的朋友走在大街上，突然看到前面有个人俯身从地上捡起了什么东西，拿起来看了看便塞进了自己的口袋。朋友对魔鬼说："那个人捡的是什么东西？"魔鬼答道："他发现了一个真相。"朋友继续道，"这对你来说可不是什么好消息啊！""无所谓的，"魔鬼应道，"我会让他把真相整理一下，那样一来，对我的威胁便彻底消失了。"

我太喜欢这则寓言了，简直跟滚石的《同情魔鬼》一样精彩，我记得那首歌的歌词中写道："人类的困惑都源自魔鬼对我们的耍弄。"我们每天都在收集现实的碎片，寻找人类各种困境背后的根源。释迦牟尼（乔达摩·悉达多）曾经说过，人类之所以感到痛苦，一个主要原因就是我们妄想将世界纳入一个整齐划一的概念框架。要想摆脱"魔鬼的诅咒"，办法之一就是学会接受现实，即人类无法为每件事找到合理解释。例如，在那些被称为"神秘主义者"的科学家和哲学家看来，人类永远也无法解释清楚意识的来源，还有好多神秘事件我们也都理解不了。心理学家斯蒂文·平克（Steven Pinker）说过："我们之所以对意识、自我、意志和知识等谜题有着无法解答的困惑，原因可能在于自然选择赋予人类的大脑根本不具备挖掘这些抽象事物本质的功能。"

从目前的情况看，想要找到一个"万物理论"来解决量子力学与（不适用于亚原子的）广义相对论之间的矛盾，我们还任重而道远；过去半个世纪，科学家提出了各种各样的弦理论，但仍然无法找到可行的答案。不仅如此，想要解决"意识难题"（即纯粹物理的、无意识的粒子为何会产生"感觉"），我们也有很长的路要走，甚至很可能永远找不到令人满意的答案。精神病学家伊恩·米格克瑞斯（Iain McGilchrist）曾经憧憬过，"要是人类可以进化到高度发达的程度多好啊，那样的话，我们就可以为世间万事都找到合理的解释"。在他看来，所谓确定性不过是一种"让人心安的错觉"，它只会让我们误解自身的能力，以为我们能够搞明白一切，而事实上，"如果松鼠也能思考，恐怕它们也会觉得自己搞明白了一切——因为对于无法理解的东西，它们根本想象不到"。

难道人类对世界的认识真的像松鼠一样都是自己的妄想吗？这个问题我们暂且不谈，但有一点我们需要明白：与其对我们发现的真相坚定不移，不如学习用临时真相的概念帮助我们理解复杂的世界。如果我们能把真相看成暂时的存在，在得出结论时就会更加谨慎，就会更加充分意识到信息的欠缺——我们永远不可能收集到所有的信息！只要我们能够掌握临时真相的思维方式，就可以摆脱"得过且过"的心理，就可以继续公开寻找遗漏的信息，而不是过早锁定结论。临时真相不会妨碍我们做出有效判断，只会帮助我们用正确的方法构建所谓事实。生物学家斯蒂芬·杰伊·古尔德（Stephen Jay Gould）曾经说过，"所谓事实，就是被确认了无数次的临时真相，因为确认了太多次，所以可以让人放心地将其划归到事实行列"。

临时真相可以帮我们摆脱"得过且过"的心理，可以让我们继续公开寻找遗漏信息。

神经学家安东尼奥·达马西奥（Antonio Damasio）将科学研究的目标描述为"不断缩短临时真相与终极真理之间的差距"。科学之所以能不断进步，就是因为不断的修正和提炼，达马西奥的话非常清楚地告诉我们该如何解释生活中出现的复杂情况，特别是那些涉及其他人的复杂问题。我们不可能完全理解他人的想法，就连他们自己也不总能理解自己的感受或行为，所以，我们能做的就是猜测他们行为背后的动机，随着新的发现不断出现，我们也需要随时调整自己的判断。

临时真相是一种高屋建瓴的指导性策略，其中涵盖了具体的作战手段，可以帮助我们有效对抗人类对定数的迷恋。前面我们提到过，系统思维给了我们很多启发，我也跟大家分享了遏制过度简化奢望的三种办法，临时真相这一概念也是如此，也有很多作用，我认为其中三点最为重要，分别是：概率思维、怀疑态度和谦恭姿态。不用我说，大家应该已经想到人类大脑的初始设计并没有这些功能，但这些办法真的很重要，在应对复杂情况时尤其必不可少。怎样才能让它们为我们所用呢？还是需要借助"间隔时空"。每次，当我们觉得身处复杂局势中的自己特别笃定时，一定要慢下来调整呼吸，开启并拓展"间隔时空"，激活"观察自我"，思考过度自信背后蕴藏的巨大风险。只有这样，我们才能启动第二系统，才能让临时真相的各种战斗手段发挥作用。

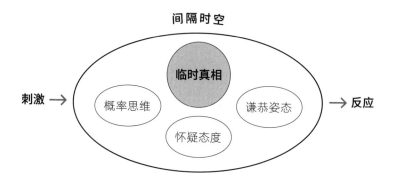

这三个战斗手段可以帮助我们对抗人类对确定性的执念，还可以减轻我们对"得过且过"草率结论的过度自信。

临时真相永远都不是最终真相，所以我们需要不断评估自己正确的概率。临时真相还可以告诉我们一个非常有用的道理，我们将在介绍第一种手段时深入探讨。

手段一：概率思维（世间万物很少是非黑即白的存在）

第一系统总喜欢将事物一分为二：一个想法，要么正确，要么错误；身边的邻居，要么是好人，要么是坏人；你的顶头上司，要么会体恤下属，要么爱发号施令；一个执政党派，要么善治善能，要么贪墨成风。回顾历史，我们可以发现，人类之所以能活到现在，确实要感谢这种简单粗暴的二分法：面前的猛兽到底有没有威胁，树上的果子到底好不好吃，跟你一起打猎的同伴到底靠不靠谱，这些都是二分法帮助人类的正面例子。但是话说回来，人类并不是从未使用过概率思维，只是我们惯常使用的概率思维还不够精进，只是在"非常可能"和"不太可能"之间来回游走罢了。打个比方，如果天气预报说今天有20%的概率下雨，我们的理解就是今天不会下雨，一旦下雨我就会非常惊讶，因为我们对20%的理解就是"不太可能"。而事实上，正确的理解方式应该是：如果说下雨的概率是20%，而且预告准确的话，那就意味着每五次这样的报道，就会出现一次下雨的结果。我们必须知道，解读当今世界，非黑即白的二分法已经不再适用，第一系统低配的"要么－要么"模式已经解决不了复杂的因果关系，我们需要一种更加巧妙、更加细腻的判断手段，即概率思维。

第一系统非黑即白的低配模式
已经无法应对当今纷繁复杂的世界。

决策理论家将概率分为两种：一种是客观概率，一种是主观概率，两种概率的功能各不相同。客观概率是对可重复事件的观察结果进行统计和总结的方法，比如对新司机第一年发生事故的概率所做的统计。但是，如果我们分析的是没有先例的一次性事件，则需要借助主观概率，它反映的是我们对某一特定想法的笃定程度。当然，我们也可以用数字来描述主观概率，比方说，"我对这件事有 30% 的把握"，但事实上，表达主观概率并不需要这么具体，把笃定程度在两个极端认识之间划分成五个级别即可，具体分别为：

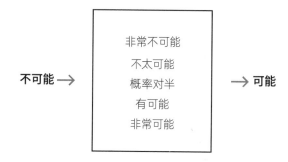

我非常喜欢心理学家菲利普·泰特洛克（Philip Tetlock）对概率思维的定义，在他看来，概率思维就是一种"用不同级别程度来判断事物"的方法。他还特别对一少部分人进行了研究，这些人对事物判断的正确率总是高于随机的水平，泰特洛克将他们称为"超级预言家"。经过研究，他发现"越是将概率思维运用到极致，做出正确判断的可能性就越大"。

概率思维培养了人类的元认知能力，鼓励我们把自己从既定的想法中抽离出来，并且主动反思其正确的概率，不仅如此，我们还应思考其他想法正确的可能性。如果我们觉得自己判断正确的概率仅略高于50%，就应该暂时放下自己的想法。概率思维可以让我们放缓思考的速度，避免过早得出结论。一旦发现概率思维有效，我们就会更多地将其运用到我们对事物的判断上，比起以前的绝对的武断，我会更多使用"我不太确定""或许吧""我需要更多依据""我觉得现在下结论还为时尚早"等表达。在我们思考的过程中，最好的自律就是仔细评估自己思路正确的概率——我们可以用百分比描述，也可以使用上述提到的五个级别。使用概率思维的人都是智者，这类人不仅能够敏锐意识到人类的偏好和错误，还懂得在进行概率评估时借助临时真相的另外两种手段。

| 超越元认知：五大认知缺陷及应对策略

手段二：怀疑态度（"或许不是这样"永远是一种可能）

其他动物（我指的是那些在自然环境下生活的野生动物）即使只有一根筋的思维也能活得很好，因为它们生活的环境与其大脑的发育程度十分匹配。但是，对于生活在复杂世界的我们，一味的教条只能让我们沦为低等动物。

怀疑态度并不意味着要永远保持一种悬空的状态，也不意味着永远也不做出最终的判断，真正的怀疑态度是不把任何想法或信念绝对化。有了怀疑的态度，第一系统锁定结论的过程就会减慢，这样它就不会轻易将认识推到笃定的高度。怀疑态度是概率思维的有效补充，因为它可以促使我们分析结论正确的概率，从而让我们尽量做到实事求是，不仅如此，它还会让我们依照真实的证据而非直觉仔细审视自己的信心，这样才能充分考虑到人类的认知偏好及其他认知局限。还有一点更为重要，怀疑态度可以遏制我们凡事都想快速找出明确答案的奢望。

对于复杂的事物，我们很难给出最终的结论。既然这样，我们不妨经常提醒自己"或许不是这样"，也可以使用更加委婉的表达——"也有可能"，因为对于复杂的事物，最初的结论往往都是临时性的，毕竟我们无法避免信息的遗漏。"或许不是这样"还强化了一个概念，那就是即使我们对自己的假设做了严格的验证，而且也探索了其他可能的解释，我们依然不能绝对地笃定，依然要保持概率思维的冷静。要知道，这个世界并非非黑即白，我们只能在不同色度的灰色之间做出选择。

怀疑态度可以减缓第一系统锁定结论的过程，避免我们将最初的认识草率地推到笃定的高度。

对我们来说，想要时刻抱持怀疑的态度并不简单，我们大脑的初始设置决定了我们总想以最快的速度得出明确的结论，而且我们所处的世界也已经被我们人为打造成了一个非黑即白的空间。教育系统存在的目的似乎就是为了培养固定时间内可以找出正确答案的人；学生需要解答的问题（如果有的话）很少会是那种模糊性的提问，模糊问题的最大特点就是存在大量干扰噪声，且缺乏足够的相关信息——然而，模糊问题才是人类在现实复杂的生活中需要解决的问题。当然，教育并非唯一的症结所在：从一味强调对错的教育机构毕业后，在很长一段时间内，我们的主要信息来源就是媒体，而媒体信息的特点就是简洁、夸张，当然还有一点最为重要，那就是笃定。

毫不夸张地说，如果我们仅凭来源可靠就认定信息毋庸置疑的话，那让我们上当简直易如反掌：有些说法，只要听上去可靠，我们便很少会再考虑其正确的概率。那究竟怎样才是正确的态度呢？任何优秀的科学家都知道，对于那些还未得到不同研究人员反复多次验证的初步研究，一定要抱有深深的怀疑态度。流行病学家约翰·约阿尼迪斯（John Ioannidis）曾经对医学领域最常被引用的研究做过分析，那些都是发表在顶级期刊上的重大研究，然而，经过重新测试他却发现，其中41%的研究结论根本不可靠，要么明显有误，要么夸大其词。后来，他又将研究样本扩大到不太知名的研究和期刊上，发现不靠谱的研究数量也直接翻了一番，达到了80%。他和同事由此认定，大多数研究最终得出的结论可能都存在问题，导致这一可悲结论的因素很多，其中一个主要原因是学术界自身的问题，毕竟"不发表就毁灭"已经成了学术界的潜规则。另外，研究资金和发表机会往往都更加眷顾有趣的新研究，因此那些只是为了证实和驳斥之前结论的研究总是少人问津。大量研究结论根本没人质疑（即便有，其观点也很难得到足够的重视，毕竟没有什么人会对旧话题感兴趣）。"缺乏可复制性"是一个普遍存在的问题，在心理学这类社会科学的研究上，情况更为严重。我们经常听到晚间新闻报道说一项实验获得了重大发现或提出了一个全新视角，而事实上并没有其他科学家做过同样的实验，更不要说得出过同样的结论了（用约阿尼迪斯的话说就是，但凡要求苛刻一些，很多结论根本无法复制）。新闻媒体的宗旨就是去寻找有价值的头条新闻，按照这样的逻辑，很多研究即使还只是处在最初阶段，即使尚未得到复制和验证，只要能博人眼球，也会第一时间与受众见面。

我曾经的一位顶头上司是毕业于哈佛大学的高才生，为人十分精明，看到我做判断总是留有余地，便语重心长地对我说："泰德,数字是不会撒谎的。"有一次,我们开会开到半夜,大家的情绪都有点激动,当我听到他又跟我说什么"数字不会撒谎"时,我终于绷不住了,反驳他道:"数字当然会撒谎!数字的确很具体,但正因如此,它根本无法呈现完整的信息。再说了,数字都是人整理出来的,人可是经常撒谎的,只不过有人是有意为之,有人是无心之失,但撒谎这件事谁能否认!"我的话其实很诚恳,但我们之间的尴尬并没有因此而得到缓解(这仿佛成了我和我老板交流的固定模式)。真的,我可以找到太多数字撒谎的例子,甚至能写成一本书(寄语的部分我就写:谨以此书献给我的老板)。即使是所谓的"硬核数字"——比方说那些经过审计的财务报告和已经发表的研究结果——也难以保证其可靠性,再想想新冠肺炎疫情期间媒体大肆渲染的数据,其准确性更是大打折扣(关于所谓"背锅死亡人数"的报道简直是五花八门:有的称这类死亡人数占真正死于新冠人数的20%,有的则称该比例高达300%)。

我想给大家举一个更为具体的例子——一位德高望重的经济学家曾经发表过一篇研究,提供了大量数据想要证明合法持枪可以有效降低犯罪率(他的逻辑就是如果你知道别人可能持有枪械,你想打劫或动粗的时候就会心有余悸)。可是他和他的同事提出的论调实在太离谱了,竟然说美国禁枪地区每年发生的谋杀案要比允许持枪地区多出1570起,袭击案件更是多出60000起。(美国枪支协会自然对该研究结果表达了强烈的认同,这位经济学家还因此出版了一本新书，书名就叫《持枪遏制犯罪》。）好在，另有一位经济学家对前者的数据进行了分析，发现其研究结果并不准确，根本没有考虑到大城市走私毒品带来的祸害。在美国的很多大城市，走私毒品的危害非常严重，而毒品走私与该城市持枪法规是否严格根本没有一点关系。如果刨除走私毒品对犯罪的影响，单纯考虑各州的持枪规定，得出的结论竟然与之前的研究截然相反——一个地区的持枪规定越严格，该地区的犯罪率就越低。当然，双方各执一词，谁都不愿意让步，至今仍在质疑对方的统计方法，并上升到了政治高度。我在这里只想强调一点，那就是数字的确会撒谎。

数字之所以会撒谎，是因为数字无法反映出缺失的信息，很多初始研究之所以无法复制乃至最后被彻底推翻，就是因为后续研究找到了之前遗漏的信息。要想揭示真正的因果关系非常困难，因为促成一件事情的原因很多，有些并非直接原因，不仅如此，不同的原因之间还存在相互作用（严格的枪械管理与攀升的犯罪率之间就是这样一组关系）。所谓因果关系，有时可能只是一种巧合；相反，一件事的背后可能有很多复杂交错的变量，很多变量并未得到我们足够的重视（如毒品泛滥就是一个被忽略的变量）。为了把数字撒谎和因果混乱这两件事说明白，我想给大家举一个虚构的例子。虽然这个例子是虚构的，但它非常准确地向我们展示了科学研究的过程，所以足以证明很多抢占新闻头条的研究结果并不可靠。具体描述这个例子前，我想先感谢一下希勒尔·艾因霍恩（Hillel Einhorn）和罗宾·贺加斯（Robin Hogarth）两位教授，感谢他们为我提供了思路，我们这个虚构实验目的就是揭示性行为与怀孕之间的相关性。我们可以设想这样一个场景，实验中观察者对怀孕的原理并不了解，其任务就是记录下自己观察到的 200 个实验结果。

	怀孕	未怀孕
性行为	20	80
无性行为	5	95

以上研究结果说明怀孕与性行为之间或许具有相关性，又或者另有其他什么因素可以同时激发性行为和怀孕的发生。但性行为与怀孕之间似乎并没有直接的一成不变的关联，因为并不是每次性行为都会导致怀孕，另有 5 例个案，受试者虽然没有发生性行为，却获得了怀孕的结果，这也就意味着性行为并非怀孕的必要条件。我都想好了，如果这个研究结果能发表，头条标题就叫"怀孕恐与性行为无关"。

声称没有性行为的五位受试者竟然怀孕了，
类似的情况在各种研究中并不少见：
原因是人会遗忘、会撒谎，实验过程也可能存在错误。

上述这个虚构的例子很值得深思，很多初步研究的结果都存在同样的问题：得出的数据很不明确，很难给出可靠的解释。被错当成有价值信息的 5 个样本根本就是干扰噪声，我们之所以认为这个例子荒谬至极是因为我们知道怀孕的原理，但其实大量科学研究的过程都是如此。这个例子足以说明初步的研究结果并不可靠，不管表面上看上去多么笃定，我们始终不能掉以轻心。

不过话说回来，科学方法依然是构建、深化人类认识的最好也是唯一可行的方法。在此我最想说的是，如果经过缜密设计的方法都可能存在错误，都会得出有误导性的结论，那我们每天接触的各种观点能有多可靠呢？这就是我们为什么要学会临时真相的心态，它能让我们在遇到复杂问题时保持一种怀疑态度，包括对自我的怀疑，这一点弥足珍贵。

手段三：谦恭姿态（抱持自我怀疑的态度）

叶芝（William Butler Yeats）在他的诗歌《第二次降临》中写道："优秀的人总是不够确信，糟糕的人却总是热情高涨。"纳西姆·尼古拉斯·塔勒布在描述人类弱点时用了一种简单粗暴的独特方式，他写道："我们不过是一群白痴，对世界一无所知还屡屡犯错，却偏偏是我们被赋予了获取知识的特权。"他说得没错，不过，也正是这种"特权"可以让我们意识到人类有多么愚蠢。只可惜，对于人类的愚蠢，我们大多只看到他人的问题，很少能像审视他人一样审视自己。"理解深度错觉"及其连带的邓宁－克鲁格效应总会激发出人类内心的笃定，这种感觉又会鼓动第一系统草草做出判断，过程中人类的过度自信也承担不可推卸的责任。正是基于这些原因，谦恭姿态才变得越发重要：怀疑态度固然有用，但我们必须铭记，在我们对别人的话保持怀疑的同时，对自己的假设和判断也不能有任何姑息。

  谦恭姿态是概率思维的基础：如果我们懂得对自己的判断加以审视，就会发现判断过程中我们很难摆脱偏见、草率及其他反复出现的心理问题。如果你没有概率思维，总是对某种观念或预测全盘接受，那就不会深入思考可能出错的原因。遇到一件事，哪怕只是有一点点复杂，我们都应该想到可能犯错的概率，毕竟我们无法了解事情的全貌（总会有信息的遗漏）。塔勒布常说的一句话用在这里特别合适，在他看来，分析预测的错误往往比得出预测的结果更加重要。为什么这样说呢？量化预测错误的过程可以让我们学会谦卑；缺乏谦卑的后果就是过度自信，不仅会妨碍我们灵活思考，也会阻碍我们更好地认清事实并找到更有效的解决方案。学会反思，充分意识到误解他人和复杂情况的可能性，量化自身犯错的概率，我们才能真正敞开心扉，发现更加准确的答案，并尝试更加高效的与外界互动的方式，从而提高自身能力，更好地适应外界各种超出预期的变化。

超越元认知：五大认知缺陷及应对策略

人这一辈子会提出无数看法、做出无数预测，但多少人会认真思考自己犯错的概率呢？

管理学教授克里斯·阿吉里斯（Chris Argyris）创造了一个"双循环学习"的概念，用它来描述我们解决问题时经常忽略的额外必要步骤。我们都很擅长单循环的学习模式，即当我们与问题系统发生互动时，我们会从中得到一些反馈，从而提高我们对系统运行方式的认识。比起单循环学习，双循环学习模式产生的影响更加深远，它以前者为基础，对其进行了延伸：所谓的第二个循环就是利用我们最初获得的反馈来调整实际解决问题的思路。第二个循环发挥了元认知的功能，需要我们自我审视——审视自己的偏好和草率，因为它们会严重影响我们对问题做出正确判断。

泰特洛克曾经提到过"超级预测者"这个概念，自我审视正是催生出这类人的关键因素。泰特洛克说："我们经过研究发现，那些超级预测者之所以能够做出准确的预测，关键就在于他们会不断地自我改进。一个人自我更新、自我提升的意愿越强烈……其预测的结果就越准确，准确率大约是其他人的三倍。"在他看来，"衡量判断优劣的最佳指标"就是元认知，即"自我反省，也就是用苏格拉底式的坚持对自己思考方式的正确性做出相对客观的判断"。

泰特洛克将不同人的思维习惯划分成两种风格，一类人像"刺猬"，一类人像"狐狸"。经过对比，他发现两种风格各有利弊。"刺猬"思路狭窄，但却深邃悠长；"狐狸"思路开阔，却不够深入。不过，"狐狸"懂得对各种信息加以整合，然后在其基础上形成自己的观点。"刺猬"总是坚持己见，认为自己犯错的可能性微乎其微；而狐狸则总是不太笃定，虽然随时可能改变想法，但对判断的准确性总能保持相对谦恭的姿态。当然，我们不应该简单粗暴地采用这种二分法来划分人的思维习惯，面对不同的情况，我们有时可能更像刺猬，有时则更像狐狸。但这个问题还是具有一定的思考价值，不如你现在就问一下自己：**我究竟是刺猬还是狐狸？**

刺猬对自己的专业技能非常自信，因而采取极端立场的概率也是狐狸的近三倍（比如，在判断某种情况是否会在未来发生时，他们的预测往往都很绝对）。狐狸则不同，他们更能容忍模棱两可的情况，不一定非要得出宏大的理论或明确的观点：他们能在自我批评和自我捍卫之间找到一种平衡。泰特洛克的研究表明，狐狸的预测往往要比刺猬的更加准确，刺猬"不太适合判断复杂社会不断变化的轨迹，更没办法根据它做出相应的调整"。然而讽刺的是，现实中，最终成为备受追捧的媒体人的往往都是刺猬，因为公众缺乏耐心等待更加谨慎的预测结果或更为微妙的解释思路；正是因为这个原因，狐狸们都不太适合从事电视媒体行业，即使他们对事件的解读和预测更符合现实情况，但因为耗时太久，所以公众根本不会买账。

我之前提到的旧友沃伦就是一只刺猬——他对《圣经》有十分深入的了解，他的世界观不可撼动，就像他对世界未来所做的判断一样笃定，他相信世界末日即将到来，不管别人怎么说，都不可能改变他的信仰。而我呢，我当然想骄傲地说自己是只聪明而谦恭的狐狸，但在此之前我必须承认，在我与沃伦争辩那段时间，我也曾不留余地地认为有神论根本站不住脚，无神论才是唯一可行的价值观。好在，从那以后，我的宇宙观稍微缓和了一些（有点像服用迷幻药的效果——我们在第 9 章会具体阐述），我觉得比起七年级的自己，现在的自己更配得上双循环学习者的称号。

遇到复杂问题，启动复杂思维

人类漫长的进化过程成了我们过度自信的始作俑者，我们的祖先长期面临自然选择的优胜劣汰，甚至忘记了真实的世界与我们大脑中的描述其实有着巨大差距。两个世界——真实世界和感知世界——在我们祖先生活的单纯世界并未呈现出太大差别，但随着时代的变迁，二者的差距越来越大。伊恩·米格克瑞斯总结得特别好，"二者的差异丝毫不亚于丰富的世界与可供参考的地图之间的区别：地图上只是标注了战略要地，其他重要信息几乎均被遗漏，而人类对待自我感知世界的态度，就仿佛是把地图当成了世界的真实再现"。更糟糕的是，如今很多人连地图上的"战略要地"也已经不放在眼里"。人类大脑对外界的感知根本无法映射出真实的世界（有时简直是风马牛不相及），对于这一点我们总是忘得干干净净。每个人都在自己的内心创作、指导、演绎着一部大戏，浑然不知这部戏唯一的观众就是我们自己。我们默认自己看到的就是事情的原貌，以为别人都跟我们拥有一样的感受，而事实上，其他人也沉浸在各自的戏剧创作中，对我们的想法根本无暇顾及。所以，要想做到谦恭，要想遏制我们对确定性迷恋，关键就要时刻提醒自己现实世界与感知世界的差异——稍加不慎，就会造成天差地别的误判。

我们以为所有人看的都是同一出戏，而事实上，每个人对外界的感知都不尽相同，都沉浸在自己的戏剧创作中无法自拔。

人类喜欢内心笃定的感觉，这股力量一路带领我们朝着目标方向不断前行（复杂科学语言将我们的目的地称为单一"吸引域"）。要想打破自身对确定性的依赖，就要积极探索其他可能的停留站点（其他吸引域），而不是过于草率地在"得过且过"的地方安营扎寨。究竟怎样才能做到这一点呢？首先，我们要对所谓"真相"培养出全新的认识，它们只是一种暂时且可变的存在。泰特洛克曾经说过："对于超级预测者来说，信念只是有待检验的假设，而不是什么需要严防死守的宝藏。"临时真相不是一个绝对的判断，我们可以分析它准确性的概率。想要做到这些，除了概率思维,怀疑态度和谦恭姿态也必不可少。

系统思维和临时真相逻辑共同构成了复杂思维的前提基础。

走进"间隔时空",我们可以充分利用第二系统灵活的分析优势和它的元认知超能力,让它们帮助自己调动出系统思维和临时真相模式,这样我们才能有效解决复杂的问题。只有走进间隔时空,再加上系统思维的协助,我们才有可能成为更加成熟的科学家(而非单循环学习者),与此同时,因为接受了临时真相的本质,我们才有可能成为更加成熟的知识学家(具备双循环的学习能力)。

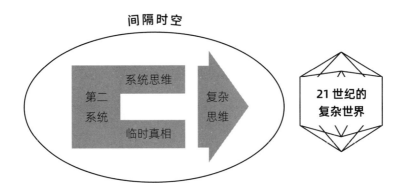

自从与沃伦就上帝的问题进行过激烈讨论后,我感觉自己成了一个更加成熟的科学家和知识学家,若真是如此,原因只有一个,那就是我比以前更加谦恭了,这也是为什么我要用我最喜欢的塔勒布说过的一句话来结束这一章的内容。我们都知道,塔勒布不仅是一位聪明的思想家,还是一个虔诚的基督徒,他的这句

箴言已经成为我人生的座右铭："只有承认自己的浅薄，才可能获得真正的成熟。"

每天都要提醒自己：
大多数情况下，我们的认识并不正确
（部分原因在于我们无法获得全部信息）。

感到特别笃定时，请问自己：
我判断错误的概率有多大？
（你会发现概率往往都会大于或等于10%！）

第 7 章
认知缺陷三：情绪不由自主

人类就是因为想法太多，才始终无法摆脱强烈的情感和激动的情绪。久而久之，内心的痛苦幻化成一道道皱纹，刻在了每个人的脸上。

——亚瑟·叔本华（Arthur Schopenhauer）

相比于其他动物的平静，
人类简直是无法控制自己情绪的癔症患者。

如果我们发起一个民意调查，看看大家心目中最悲观的作家是谁，我想答案一定会惊人地一致。没错，那个人一定是我在文首引用的叔本华。抑郁很容易，但要抑郁得如此深刻、清晰且全面可不是人人都能做到——这种抑郁需要了不起的智慧和创造力，也正因如此，叔本华的影响力才不容小觑。甚至可以说，弗洛伊德、尼采、瓦格纳等人都得到了他的真传。

叔本华这句话想要表达的意思是，人类很多情感上的痛苦都源于"想法太多"，思绪可以将我们带向充满悔恨和愤慨的过去，也可以带到令人担忧和恐惧的未来。对于其他动物来说，"它们的意识仅局限于此时此刻……它们才是真正做到了不折不扣地享受当下"。许多动物或多或少也可以感受到情绪，但人类是唯一会因为胡思乱想而陷入情感旋涡的物种。罗伯特·萨波尔斯基（Robert Sapolsky）说过，所有动物天生就会应对短期危机，只有人类会因预设的压力而感到无尽的担忧——其结果就是对自身造成严重的伤害，不是直接的身体伤害，而是人为的心理伤害。叔本华在剖析自己内心世界时曾经写过，"很多时候，我们只是因为动了一个念头，就会产生强烈的情感冲击（身体也会做出相应的剧烈反应）"。我记得有那么一个阳光明媚的秋日午后，我走在回家的路上，穿过峡谷上的一座大桥，桥上车水马龙，但行人寥寥。我大步流星地走着，突然注意到对面有一丝异动：一个人站在大桥的保护外墙上，背对着马路，两只手抓着墙体，身子已经探出了桥身，正俯视着下面的大峡谷。我突然反应过来，心想那人很可能下一秒就会纵身跃下，于是赶紧穿过车流跑到对面，大声地朝他喊："快下来！别做傻事！"我站在他身后，他转过头看着我，虽然面无表情，但我依然能看到他脸上无尽的痛苦。

我用恳求的语气继续道："我能帮你，我知道你现在的心情，我一定能让你好起来，请相信我，快点下来吧。"他看了看身下的深渊，又看了看我，把一条腿迈过墙体骑到了上面，然后大声对我说："你根本就不知道，你他妈的什么也不知道！"我小心翼翼地拿出手机，不敢做出任何大的动作。"听着，我会叫辆救护车，在他们赶过来之前我会一直在这儿陪着你，然后我跟他们一起送你去医院，一定能把你治好。现在你要做的就是从上面下来，相信我，求你了。"他怒不可遏地瞪着我，把伸出去的腿迈了回来，然后跳回到人行道上。他凑近我，火冒三丈，气势汹汹，提高嗓门对我大喊道："你他妈根本什么也不知道！什么也不知道！"还没等我反应过来，他已经转身准备离开。我打电话报了警，跟接电话的警员描述了眼下的情形，坚持让他们派人过来送那个人去医院，而我则一直跟在那人身后。他不停地回头看我是否还跟着他，保险起见，我只能跟他保持一定距离，以免被他发现。接电话的警员说他已经了解了大致情况，而且根据我的描述，后续跟进的警察一定能找到当事人，因此告诉我不用再继续跟着了。于是我匆匆赶回家，但仍心有余悸。我本来要去参加一个鸡尾酒会，看时间已经不早了，于是加快了行动的速度。

没想到，30分钟后我的电话响了，是从警察局打来的：他们想让我回到大桥那儿，说要问我几个问题。于是我立即赶了过去，心一下子沉到了脚底。桥上停着一辆救护车，还有好几辆消防车和警车。大桥下的山谷里躺着一具尸体，上面盖着油布，胳膊和腿露在外面。周围聚了很多人，但没有人目睹死者跳桥的经过（据说是有人开车经过报了警），而我则是最后一个跟死者说过话的人。

第二天上午，我一个人走到山谷里，坐在昨夜停放他尸体的地方。我告诉他说我很抱歉，不应该放弃他，我应该再做点什么才是。

最终，我找到了负责此案的警官，本想跟他了解些情况，可对方不愿透露有关死者的任何细节，这我事先也想到了。不过，那位警官说可以把我的联系方式提供给死者家属——如果他们想要了解死者最后说了什么，可以跟我联系。后来，并没有人再为他的事给我打过电话。而我之所以想联系他们，很大一部分是出于自私的考虑：我想对死者多一些了解，想知道他为什么如此悲伤，他的内心究竟遭受着怎样的痛苦？我还虚妄地以为自己为阻止他的自杀做了些贡献，结果悲剧还是发生了。究竟是怎样的情绪导致他再次选择自杀呢？另外，我也想减轻自己的负罪感：若不是我当时赶着参加聚会，若是我能再多陪他一会儿，或许他就不会折返回来重新实施自杀计划了。

他的内心一定十分痛苦，否则不会选择自杀，看到桥下他的尸体时，我有的不仅是恐惧，还有本可以阻止不幸的负罪感，对此，我久久无法释怀。所以说，有时候情绪真的会产生非常强大的力量，甚至会让人招架不住。

人类情绪化的大脑

人类需要情绪，它是一种能够激发行动的生理感召，没有它，我们对外界刺激的反应时间将严重延缓，这也意味着人类的生存能力将有所下降。情绪是第一系统的产物，是大脑皮下结构（也可笼统称其为大脑边缘系统）产生的一种神经化学反应，是大脑最为原始的功能。也就是说，在大脑还不具备很多高等功能前，情绪功能就已经存在。人类的大脑虽然一直在进化，但其情绪系统的本质与大多数哺乳动物并没有什么实质性的差别，只是多了更多的神经回路，令其可以变得更为复杂，而其中三个弱点更是成了导致人类痛苦的帮凶。

第一个弱点就是叔本华提到的人类大脑惊人的灵活性。正是因为这一功能，我们的思绪才可以跳脱出当下，既可以回到过去耿耿于怀，也可以展望未来胡思乱想，总之，我们总能找到烦心的事情。斯蒂芬·巴切勒（Stephen Batchelor）也曾说过，"人类大脑总是让我们陷入对过去和未来毫无意义的纠结之中"。另外还有两位心理学家发表了一篇研究论文，题目就是"胡思乱想的大脑根本不可能开心"。文中二人阐述了两个重要发现：第一，人类大脑总爱胡思乱想——47%的时间想的都不是正事。第二点更为关键，他们发现胡思乱想很容易让人陷入纠结。人什么时候最幸福呢？就是停止瞎想的时候。但是，停止瞎想并不容易，

超越元认知：五大认知缺陷及应对策略

要知道，人醒着的一半时间都在做这件事（你说这是不是人类的缺陷？！）。人类就是喜欢纠结的物种，这也是导致人类痛苦的根源。我们在第 5 章探讨过人类的认知吝啬，即在解决当下问题时，第一系统总想快刀斩乱麻，不愿调用第二系统，这正是问题所在：既然当下的问题已经被快速解决了，大脑总不能闲着无事做，于是便开始琢磨其他事情（过去的或未来的），而且一琢磨就没完没了。我们的大脑从来不会停止工作——无时无刻不在产生各种想法（据物理学家弗兰克·威尔切克（Frank Wilczek）猜测，人一生大概要产生 10 亿个想法）。这样想想，要是大脑有个终止开关就好了，这样便可以让脑子好好休息一下（其实，大脑的确有这样一个开关，我们在下一章会详细介绍这部分内容）。如果我们觉得自己被冤枉了，这时候就要格外小心！人类大脑就像磁铁一样，总喜欢琢磨一些自己想象出来的委屈和不平，而且常常一发不可收拾：会在心里颠来倒去地不停揣摩，直至让我们陷入自我消耗的纠结。这是人类的"独特之处"，更是一种极具杀伤力的设计缺陷。

人类大脑就像磁铁一样，总喜欢琢磨一些自己想象出来的委屈和不平，并为此陷入自我消耗的纠结。

第二个弱点是人类的大脑不仅会引发痛苦，还会对痛苦进行反思，从而导致新痛苦的出现。其他动物都不如人类"智能"，所以无法像我们一样将痛苦叠加,佛陀把人类的这个本事称为"第二箭"。在佛陀看来,"没有开悟的人"对自身痛苦的自怨自艾就仿佛连中了两箭:第一箭是原本的痛苦,第二箭是对第一箭的痛苦应对。相比而言,"开悟的人"只需承受原本的痛苦:他们懂得如何正确对待最初的痛苦,不会让自己沉溺于自怜的情绪,更不会让痛苦加码。只可惜,大部分人都属于"没开悟"的那一类:容易把不愉快的事无限放大。心理学家丹尼尔·卡尼曼曾经说过,每当有糟糕的事情发生,我们的初始设计不是去想"好在还没发生更糟的结果",而是让我们沉迷于心理学家拉塞尔·哈里斯(Russell Harris)提出的"混乱不适"中无法自拔。也就是说,在自然发生不可避免的"简单不适"的基础上,我们还会自寻烦恼,这真是应了他的那句"我们会因为焦虑而愤怒,因为愤怒而焦虑,因为沮丧而沮丧,因为内疚而内疚"。

第三个弱点是,人类的情绪系统未能根据现代的复杂环境而做出相应的调整。人类大脑最初的设计对危险非常敏感,正是这一特点让我们活到了现在,可以说,这一设计为我们应对艰难的生存环境做出了重大贡献。第一系统本来就反应迅速,再加上它对风险的敏感,导致我们面对任何问题时都容易产生强烈的情绪反应,包括一些超出我们控制的小麻烦和小状况(交通拥堵就属于这类情况)。比方说,我们担心第二天的演讲,体内就会产生压力激素,而这种激素与动物闻到风中有捕食者气味时产生的激素本质上没有什么区别;我们会对短信中的侮辱言论表现出理所应当的愤怒,愤怒又会引发某种身体上的反应,这种反应与发现有限食物被盗取时的反应差不了多少。人类过于直接的情绪系统并不适合当今忙碌复杂的社交生活。可以想见,生活在当代,我们会遇到太多复杂的问题和挫折:很多信息其实是没用的噪声,而我们却把它们当成了有价值的信号。彼此关联、异常复杂的生活让我们变得越发忙碌,而奚落我们的噪声也出现得越来越频繁,对此我们必须提高警惕。

**人类简单直接的情绪系统并不适合复杂的生活:
很多没用的噪声都被我们当成了有价值的信号。**

上述这三种人类特有的问题一旦遇到我们内在的情绪机制——负面情绪偏好——不仅会被激发,还会被放大。这一情感机制会严重影响我们对外界所做出的判断和反应,若是对它没有充分认识,则很难克服人类反应过度的毛病。

真相:人类具有负面情绪偏好

过去几十年认知心理学所提出的最重要的观点其实早在两百年前就被我们这位天才朋友叔本华预见到了,他说过,"人类普遍觉得快乐远不如预期,但痛苦却比想象强烈得多"。积极和消极的情绪并不是彼此的镜像,也不会对等出现,负面情绪要比正面情绪的程度"强烈"得多：

- 痛苦带给我们的痛苦远比快乐带给我们的快乐来得强烈。
- 失败的伤痛要远远大过成功的喜悦。
- 收获带给我们的兴奋远不如失去带给我们的忧愁。
- 比起夸赞，我们更在意别人的批评。
- 评判他人时，我们总是更关注他们的缺点，而不是优点。
- 负面情绪持续的时间总是比正面情绪要长。
- 痛苦的滋味千千万万，快乐的感觉不过那么几种：就连形容负面情绪的表达方式都比正面情绪的表达方式多67%。

消极情绪的负面影响要远远大于积极情绪的正面影响（前者的影响力至少是后者的二倍）。

根据经验，行为经济学家提出，消极情绪的强度大约是积极情绪的两倍。当然，对于大多数人来说，主导我们情绪的是中性到温和的积极情绪，也就是说从发生的频率上，正面情绪算是赢家，它能让我们在大多数时间保持一种情绪的平衡，即所说的"积极抵消"。但是，如果说到情绪的强度，负面情绪绝对是完胜，它一旦出现，持续的时间远远长于正面情绪。人们虽然喜欢听好听的话，但好的感觉只会稍纵即逝；难听的话可就不同了，它们不仅会在当下刺痛我们，还会让我们耿耿于怀一整天。二者为何

超越元认知：五大认知缺陷及应对策略

存在如此巨大的差异？根本原因就在于我们的负面情绪偏好：人类在其中性到温和的积极情绪中间总会穿插负面的情绪，而且负面情绪一旦开启还会持续较长时间，换句话说就是：

坏事总是会被我们无限放大

人类的负面情绪偏好有一个强大的进化基础，因为危险永远不可能完全消除，而快乐只能保证一时的满足。食欲和性欲一旦得到满足，其边际价值就会迅速下降，但危险的边际价值却永远不会下降，因为危险无处不在。这也就是说：快乐有上限，但危险却没有，二者根本不对等。二者的不对等还体现在别的方面：错过一顿饭或一次性接触，以后还有机会弥补，但如果不小心掉下山崖或是被老虎吃掉，那就再也没有机会了。正是因为这种风险与回报的不对等，才让我们的大脑对痛苦比对快乐要敏感得多。

负面情绪偏好是人类与生俱来的特点，已经内置在了我们大脑的杏仁体：人类大脑在工作时，经常利用一些粗略的未经加工的数据来发现危险和变数，一旦有所察觉，哪怕只是微小的迹象，大脑也会立即做出反应，启动"要么战斗要么逃走"的模式。然而事实上，大脑中负责意识的区域还没来得及处理相关信号，所以还没有弄清楚究竟发生了什么。杏仁体是第一系统的重要特征，它在解读危险或引发负面反应上注定会犯下错误，因为它太想保护人类了，任何利于人类生存的设计的确也该如此。然而，过程中负面情绪偏好也会做出取舍，为了避免忽视真正的威胁，人类总要付出一些代价，只不过很多时候代价有些惨重——这时候，大脑的设计特征就变成了一种设计缺陷。

人类在尚不确定的情况下做决定时，需要对两个可能的错误风险做出比较和权衡——假阳性（误报危险）和假阴性（漏报危险）。我们在第 3 章已经讲过二者的取舍会导致两种结果，一种是过度解读随机信息（造成假阳性），另一种是对真正的危险重视不足（导致假阴性）。从利于人类发展的角度来看，前者的处理方式自然比后者更为安全。比起把树林中的沙沙声解读成捕食者当然比把它理解成风更稳妥，至少你不会害自己一命呜呼，留下"我怎么这么蠢，竟然如此掉以轻心"作为最后的遗言。我们在第 3 章就强调过，漏报的风险远远高于误报的风险，人类为了避免漏报造成的不幸，必然要付出虚惊一场的代价。

人类的负面情绪偏好也会做出类似的取舍，其必然结果就是过度解读。第一系统的设计导致人类容易对坏事做出过度解读，因为只有这样才能减少自己忽视真正威胁的风险。要想避免漏报的风险，只能增加误报的概率（造成虚惊一场）。负面情绪偏好的确给人类造成了很多痛苦，而这一切都源于情绪上的反应过度。

超越元认知：五大认知缺陷及应对策略

特征变成缺陷：负面情绪偏好沦为情绪不由自主

负面情绪对人类的生存至关重要，其道理与（第 3 章、第 5 章的）简而化之、得过且过如出一辙。但负面情绪也和认知的所有设计缺陷一样，再好的东西，只要用过了头也会造成伤害。负面情绪可以保护人类，这没错，但如果你被它左右，无法控制自己的情绪，那最终伤害的还是你自己。简而化之做得过分，就变成了过度简化，得过且过用得过多，就会造成过度自信。负面情绪偏好如果不加以控制，就会导致反应过度，这也就是人类大脑比其他动物大脑更容易做出过度反应的原因。

人类真的很不幸：负面情绪反应的强度及其持续的时间常常与引发它的威胁完全不成比例。这也就是说，我们不仅常常放大负面情绪，还会对其耿耿于怀。人类就是这样，稍感异动，不管是危险还是冒犯，我们就会第一时间调动出恐惧或愤怒的情绪。没错，正是这样的恐惧刺激让我们避开了飞驰而过的汽车，也正是这样的愤怒保护了我们免受人身攻击。也就是说，在应对这类事情时，情绪的确可以为我们提供有效保护；但并不是所有情绪都能如此，比方说，因为担心开会迟到而心慌意乱，因为误解导致的愤怒让我们与爱人恶语相向，这些情绪给我们带来的只有伤害。类似的例子不胜枚举，考试答题、求职面试、发表演说时的紧张，还有排长队时的焦虑、丢钥匙时的烦躁、登机时的担心，等等，这里面没有一个是有用的情绪反应；相反，它们都是过度反应，不仅耗费大量的情感能量，而且还会引发极具破坏力的自我伤害行为。

本章列举了人类大脑的三个弱点：一是它可以跳脱当下，琢磨过去和未来；二是它可以射出第二支箭；三是第一系统的神经生理特征不适用于现在的世界。负面情绪偏好的杀伤力就在于它会将人类的这三个弱点放大，导致我们产生强烈的愤怒、嫉妒、尴尬等情绪。

负面情绪偏好 +

跳脱当下
对过去耿耿于怀
对未来杞人忧天
射出第二支箭
对痛苦的反思
引发新的痛苦
纷繁复杂的 21 世纪
我们的应对方式
无法适应现代生活

= 反应过度

面对负面情绪，我们让渡了很多控制权，总是任由它肆无忌惮地左右我们的行为。过度的情绪反应对我们自身造成了巨大伤害——在这场情绪的劫持中，我们既是施暴者也是受害者。喜欢打牌的人经常用"上头"一词来形容打牌时自己的不良情绪反应，这种情绪会干扰到他们的真实水平。我觉得"上头"这个词可以用在很多方面：负面情绪偏好引发的过度反应会削弱我们应对人生的能力，让我们无法高效满意地过完这一生。

面对负面情绪，我们让渡了很多控制权，总是任由它肆无忌惮地左右我们的行为。

或许，我们无法控制不靠谱的大脑冒出各种疯狂的想法，也没办法左右由此产生的疯狂情绪，但我们绝对可以控制自己情绪的强度和持续的时间。最重要的是，我们可以决定如何应对自己的情绪，虽然无法阻止它们出现，但也不必成为它们的俘虏。

做出改变：不再被情绪牵着鼻子走

情绪属于人类大脑较为低级的一种功能（皮层下的活动），该功能只负责情绪的产生，至于情绪的调解，则属于大脑的高级功能（前额叶皮层的活动），也只有这种高级功能才能帮助我们抑制不好的情绪反应。大脑的设计虽然会加速我们的情绪反应，但也为我们提供了情绪刹车，而且人类的刹车要比动物的发达很多，具体原因有两个：第一，人类大脑拥有更大的前额皮质，不仅可以保证我们发挥更高级的"执行功能"，还能帮助我们评估自己的情绪反应（即元认知），并对其施加影响。第二，人类大脑拥有强大的皮质－杏仁体连接，因此施加影响的效果也会更加明显，换句话说就是，人类高级皮层区域与低级皮层下结构连接得更为紧密，一旦有情绪被触发，我们可以对其进行更多的执行干预。心理学家肯特·贝里奇（Kent Berridge）说过："与其他动物相比，人类新皮层的输入已经在更大程度上被纳入了皮层下的功能，人类的大脑经过进化，已经可以对情绪的核心处理加以规划。"由于第二系统思维的介入，我们可以对自身的情绪加以判断，并根据其影响采取相应的应对措施。也就是说，我们可以对自己的情绪进行干预，这一点其他动物都做不到，我们也可以遏制有消极偏好的第一系统发挥主导作用，避免自己出现过度的反应。当然，这话说起来简单，操作起来却一点也不容易。

我们需要经过大量的认知规训才可能有效控制负面情绪偏好所引发的过度反应，而这种规训也只能在"间隔时空"中操作，因为只有在那儿，我们才能调动第二系统的元认知能力，才能启动自我控制的过程，从而充分发挥第二系统的分析能力；也只有在那儿，我们才能获得武器装备，才能摆脱情绪的挟持，从而遏制第一系统的颐指气使。第二系统确实可以为我们提供一些有用的手段和方法，包括我前面提到的不太容易操控的情绪开关。

超越元认知：五大认知缺陷及应对策略

关于人类：
人类天生就容易反应过度，因为面对真正的危险，虚惊一场的假阳性总好过掉以轻心的假阴性。

关于现实：
很多危险并不像我们设想的那样严重，也根本不构成真正的威胁。

第 8 章
补救措施三：摆脱情绪挟持

如是受，如是受之集，如是受之灭。

——释迦牟尼（Gautama Buddha），引自《大念处经》

只有进入"间隔时空"，我们才能学会对坏的事情释然
（好的事情也才能带给我们更多的愉悦）。

佛陀上面的话足以体现智者对情绪观察之准确：情绪来得快去得也快，这是情绪的本质特征。这一观点乍一看起来没什么了不起，但仔细想想就会发现其深刻含义，我们将在后面真相的部分做深入的探讨。如果人类可以打破痛苦的轮回，就能实现所谓的"涅槃"。当代的世俗佛教徒对涅槃的看法已不像以前那么神秘,在他们眼中,涅槃不过是一种能让人从思虑的纠结和情感的动荡中解脱出来的自由。这种意义上的涅槃指的不是永久的开悟,而是某个可以让思想从消极思维模式中解放出来的顿悟。我个人认为第二种理解更得人心,对我们的人生也有着更加直接的指导作用。哲学家大卫·休谟(David Hume)曾经说过,"面对激情,理性就是个奴隶,除了侍奉、服从根本没有其他选择。"比起休谟的消极,后来人对涅槃的理解不仅更有力量,也更加乐观。我本人虽然十分崇拜休谟,但也觉得他夸大了人类无助的状态。老实讲,我真希望自己能早点学会各种调节情绪的策略,这样就可以减少很多痛苦,包括其中我最在意的一种。

给商科学生讲课时,我常常告诉他们:"如果你想在事业上有所成就,千万不要做愚蠢的事情。"听了我这句话,本科生通常会点头示意,研究生则会一脸茫然,期待我能给出详细的解释。我不知道学生为何会有不同反应,本科生点头是因为真的明白我的意思,还是只是出于礼貌给我的反馈?我之所以给出这样的建议是因为,哪怕是最有前途的职业发展轨迹,一旦意气用事做出愚蠢选择,所谓的事业便会瞬间脱轨。这样的例子比比皆是——大多发生在男性身上,包括我本人。不过我还算幸运的,职业生涯刚起步便得到了教训,付出的代价还不算惨痛。

事情是这样的:一天晚上,我下班回家顺路去了一趟购物中心,想买一张音乐CD(那时还没有苹果播放器和流媒体音乐)。

到那儿以后，我告诉店员自己想找一首歌，但因为只是开车时从广播上听过，所以不知道歌名。可他并不知道我说的是哪一首，于是我便主动哼唱起来，希望他能听出一二。我竭尽全力做到了最好的发挥，没想到那店员却一直忍不住窃笑，还说要去找经理过来跟他一起听。终于他带着经理回来了，开心的神情溢于言表。经理来到我跟前，让我把刚才的歌再唱一遍，于是，两人就站在我对面，抱着肩膀听了起来。还没等我唱两句，两人互看一眼便忍不住笑得前仰后合。我自然是唱不下去了，任他们再怎么让我继续，我也拒不开口。我想当时自己的表情一定非常气愤，被人如此嘲笑，我已怒火中烧。那位经理赶紧收起笑容，开口道："好了，哥们儿，我觉得你想找的歌曲是《我相信》。"他一边说一边指了指旁边的通道。

我终于找到了那张 CD，但心里依然因被羞辱而感到十分恼火，只是强忍着没有发作，心想如果我控制不住自己的情绪，他们肯定会笑得更厉害。肾上腺素在我的体内奔涌，第一系统开始酝酿复仇的想法，最终我把 CD 塞进口袋，没有付钱就径直走出了店门。可想而知，我出门还没走五米，就感觉有人拍了一下我的肩膀："哥们儿，你得跟我回趟店里。"来人正是经理，他把我带回到商店的后屋，紧接着跟进来两名保安（估计我一时半会儿是回不了家了）。他们已经报了警，就在我们等警察的工夫，商店经理把那张我偷拿的 CD 放进一个便携式播放器，找到那首我这辈子再也不想听的歌，把音量调到了最大，在场的每个人似乎都乐在其中，只有我除外。

最后，警察只是给了我一个警告就让我走了，但整件事对我造成了沉重的打击——我万万没想到愤怒竟然让我触犯了法律。所有跟我共事过的同事都无法想象我会做出这种蠢事，愤怒竟然会让我冲昏头脑。当然，我也由此得到了宝贵的教训：做人千万不能做傻事，具体的方法很简单，就是学会管理自己的情绪——尤其火暴的脾气。

我们怎么知道自己被情绪挟持了呢？一个明显的特征就是自我沉浸，即深陷内心的波动无法自拔，想法越来越狭隘、越来越强烈。但是，如果我们能主动抽离，打开间隔时空，就可以摆脱第一系统的禁锢，进入较为平静的第二系统，然后再利用元认知的潜力调动出"观察自我"，它一直在间隔时空默默守候着我们，时刻准备出手帮助我们自省自查，这些就是实现自我调节的重要步骤。

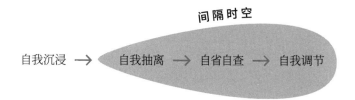

只可惜，我们一旦被情绪挟持，便很难开启并走进间隔时空。要想实现从自我沉浸到自我抽离的过渡，需要多方共同努力才能

完成。接下来，在探讨情绪管理的具体手段之前，我们先来简要回顾一下如何摆脱第一系统的控制。

进入间隔时空的四个方法：

我们在第 2 章已经说过，要想开启间隔时空，最好的办法就是调整呼吸。这个办法已经被证明十分有效，而且还将一直发挥作用。办法操作起来非常简单，只需把注意力放在呼吸上，并对其加以控制，就可以快速开启"间隔时空"。吸气、呼气、吸气、呼气，至少做三组，持续时间不少于二十五秒（如此简单的操作就可以帮助我们开启放松模式）。如果这样还不行，我们可以增加一些投入，在关注呼吸的同时也关注身体的某种感受，比方说腹部随着呼吸一上一下的起伏，又或者气息通过鼻孔的流进或流出。如果我内心的负面情绪非常强烈，我还建议尝试如下操作：深吸一口气，然后像叹气一样慢慢呼出，把注意力全部放在吸气和呼气上（至少重复三次，不过做的次数越多越容易让情绪稳定下来）。只要我们专注自己的深呼吸，就一定能开启自我抽离的步骤。观察自己的深呼吸是终止情绪超载的重要开关，随着你对自己呼吸的观察，情绪就会慢慢稳定下来。

今天或明天的某个时刻，如果你突然感到焦虑、烦躁或坐立不安，就可以尝试一下我的建议，验证一下我说得到底对不对，我相信你一定不会失望。当然了，一旦你停止了深呼吸的操作，情绪还可能卷土重来（本章后面的部分将探讨相应的解决办法），但只要你开始深呼吸，并且把注意力放在呼吸上，你就已经让自己从情绪超载中解放了出来，接下来便可以认真思考正确的应对方式。

你可以随时开启终止情绪超载的开关：
深呼吸就是最好的办法。

接下来我们就说一说自我抽离的四个办法，这几个办法可以直接使用，也可以用在深呼吸之后，我个人的感觉是这几种办法是对深呼吸的有益补充；当然不同办法对不同的人也会产生不同的效果。

走到瀑布背后（或飓风中心或一万英尺的高空）：对有些人来说，想象自己站在瀑布背后是一种非常有效的自我抽离的办法。面前是飞流直下的水幕，裹挟着你的知觉、想法、感受，控制着你的注意力。除了瀑布，你还可以想象自己身处飓风中心，周围旋转的都是消极想法和负面感受。另外一种方法就是想象自己飞翔在高空，正俯视下面的剧烈变化，你会发现，从一万英尺的高空看下去，那些令你紧张焦虑的场面根本微不足道（你不过是在为无谓的东西而奔忙）。这三种方法我都会使用，但最喜欢的还是瀑布的假想，所有超负荷的思绪从我身边奔涌而过，我却可以躲在后面独善其身，冷静思考，这种感觉真的很好。

与魔拉展开对话（仿佛他就站在门口）：据说，每次佛陀感觉自己被情绪或欲望左右时，他就会大声宣布："魔拉，我看到你了。""魔拉"是巴利语，就是魔鬼的意思。佛陀如果感到自己没办法理智思考，他就会大声喊出魔鬼的名字，这样一来，他就能坚定自己的意志，并最终实现开悟。所以，如果你也感觉到心绪不宁，也可以试试这个办法，大声说出"魔拉，我看到你了"；或者如果你对某件事感到压力很大，也可以大喊"魔拉，我会提防你的"。说什么其实并不重要，重要的是你要遵循佛陀的指引，学习像他一样慢慢地、巧妙地接受困境、压力以及其他日常的困难，不要让它们主导你的第一系统，令你陷入失控的情绪中无法自拔。

想象机会眷顾（这是我的幸运）：把困难视作老天赐予的掌控自我的机会："这是上天给我的礼物——让我锻炼自我掌控的本领，这是我的幸运！"这个办法虽然听上去有点奇怪，但如果你真能把被情绪挟持视作锻炼第二系统、发挥元认知的机会，那你的内心将会获得巨大的力量，并因此把注意力放到对问题的理性应对上。日后回想起来，你一定会为自己当时的表现感到骄傲。

懂得事已至此（关注此时此刻）：这个想法其实特别有用，意义也极其深远，只可惜常常被我们忽略。它是西方所谓"正念"的核心要义，但其精髓却可以追溯到古代佛教对当时当下的敬畏：当下即此刻，不同于我们记忆中的过去，也不同于我们想象中的未来。此时此刻——当下——才是最真实的状态，过去的已经过去，未来的只是想象。如果你真正认识到了这一点，你还可以问自己以下这个问题："我想与当下的状况建立怎样一种联系？"要想回答这个问题，你必须让自己抽离出来，这样我们的目的也就达到了。

这四种方法都有助于我们实现自我抽离，开启并拓展间隔时空。只有这样，我们才能摆脱情绪的挟持，重新夺回对焦虑心理的掌控权。

当然，进入间隔时空不是最终目的，进去以后我们要做什么呢？一旦实现了自我抽离，接下要做的就是自省自查，以最终实现自我调节。具体该如何操作呢？答案是刚才提到的正念训练。

如今，"正念"一词已经被用滥了，再加上它有很多意思，理解起来似乎并不容易，无数大师和书籍也都给出了不尽相同的解释。尽管如此，我在此还是想引用这个概念，并把它作为处理情绪过度反应的首要策略。系统思维可以应对我们凡事都想简而化之的奢望；临时真相可以遏制定数迷恋导致的过度自信；而正念训练则可以对抗我们遭遇情绪挟持后的过度反应。

**系统思维可以应对我们凡事都想简而化之的奢望，
临时真相可以遏制定数迷恋导致的过度自信，
而正念训练则可以对抗大脑对我们的情绪挟持。**

基于正念意识的自我调控

"正念"这个词可以追溯到1881年,当时学者李斯·戴维(Rhys Davids)把形容词有意识地做了抽象化处理,由此发明了正念这个概念。大卫斯多年来一直致力于佛经的翻译工作,将其从巴利语译成英文。在翻译巴利语"sati"这个概念时,他将其译成了"正念"(不过有些学者认为更贴切的译文应该是"关注"或"意识")。在佛教中,sati 是一个非常重要的概念,说的就是人需要关注自己内心的状态,只有这样才能看清现实,获得最终的开悟。

在西方,正念一词通常指的是"非评判意识"或"不加评判的纯粹意识"。最初使用这个用法的是乔恩·卡巴金(Jon Kabat-Zinn),他在20世纪70年代末发明了正念训练减压法。这个办法在初始阶段确实管用,的确可以帮助我们有效避免对自己的想法和感受妄加评判:要想看清真相,必须保持冷静,绝对不能带着情绪。但是我们也必须清楚一点:非评判意识仅仅是个开始,我们的最终目的还是要对当下的想法和感受做出评价,了解它们对我们是否有用,而这个过程自然属于一种评判。佛教中的"正念"指的就是打开心眼,对事物的"益处"加以评价。

由此看来,"正念"确实有很多含义,不过我们在这里只使用它最基本的意思,即对当时当下某些事物的关注和意识,具体包括很多方面——此刻你的各种身体感受，包括你的呼吸、大脑冒出的想法、伴随这些想法涌动的情绪，以及周遭翻腾的所听所见。如果你遭受到情绪的挟持，有一种正念训练特别有用，那就是在想法和感受刚刚萌发时，就把注意力放在它们身上——聚焦心理活动的当时当下。从这种角度理解，我们前面提到的四种自我抽离的办法都可以算作正念训练，因为它们都可以帮助我们加强对自己想法和感受的认识，帮助我们保持好奇心的同时也能让我们尽量做到超脱。所谓正念，要做的事情其实很简单，就是好好观察大脑的活动，过程中不必被具体的想法或感受所牵绊。

正念只是我们的第一步操作，过程中我们要保持冷静。等到了第二步，我们就不再需要那么中立了，因为我们要对自己观察到的内容做出评价，判断它们对我们是否有用。我们的想法及随之而来的感受有价值吗？对我们有好处吗？还是说我们成了负面情绪的俘虏？承受着本来无谓的痛苦？这种"评判性"的评估过程非常重要，它为我们如何处理自身情绪指明了方向，让我们意识到并非所有情绪都一无是处。当然，如果我们发现自己当下的情绪一点用处也没有，自然得想办法把它们解决掉。利用正念训练，我们确实可以暂时摆脱某种情绪，但它们并不会善罢甘休，还会时不时重新找上门来。要想知道究竟该如何处理自己的情绪，我们需要调用第二系统思维——大脑的直觉反应做不到这一点，所以我们必须要付出人为的努力。

我这次介绍的还是一种宏观层面的综合策略，具体又包括三种利于自我调节的强大手段。在这一策略中，正念不仅是指导思想，更是情绪控制的必要条件：我们只有关注到内心的变化，才能有效使用自我调节的手段。这三大手段与我们之前了解的应对其他设计缺陷的办法不同，使用时必须遵照特定的顺序，做到循序渐进、按部就班。

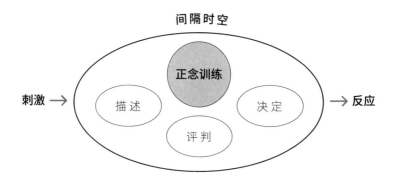

第一步是描述你当下的感受；第二步是对其做出评判，不管是什么引起了你的情绪，你都要判断它对你是否有好处。这两个步骤属于自省自查的过程，完成后我们就到了最后一步，即自我调节，就是要做出最终的决定——你是选择追加投入，还是选择及时止损。三个步骤中，每个步骤都包含着一个关键问题，通过回答该问题，你就可以解锁该手段的强大功能。

步骤一：描述（情绪归类）

如果我们无法明确内心的感受，就不可能对消极情绪实施有效控制。心理学家把明确内心感受的过程称为"情感标注",标注时,我们要尽量做到具体:**看来我真的很 ＿＿＿＿。**

填这个空时我们要尽量做到具体,比方说生气、沮丧、着急、紧张、忧郁等。对自己的情绪进行标注是我们要做的第一件事,这一点非常重要,就算是想帮助他人调节情绪,我们也要先对当事人的情绪做出判断,比方说"嗯,我明白你为什么这么生气"或"我明白你为什么感觉特别受伤"。

为了更好地识别自己的情绪并完成上面的填空任务,我们可以先问自己一个有关禅宗的问题:**我这究竟是何感受?**

这个问题有意设计得比较含糊,但当情绪发出警报时,问自己这个非常有效。你的回答可以是,"这是激动""这是愤怒",或者"这是受伤的感觉"。通过这种方式,我们可以把自己的情绪外化,这有助于对其做出正确的评判。

佛陀建议我们每天至少要几百次地留意自己的感受,久而久之,这种有意识的行为就会变成一种习惯,成为我们的第二天性,以最终实现内心的极致宁静——这种宁静不同于缺乏感知力的心理愉悦(在佛教看来,如果我们能够实现内心极致的宁静,那过不了多久就可以获得真正的开悟)。我们不一定要完全追随佛陀,也不需要皈依佛教,但这并不妨碍我们跟他学习如何对待自己的情绪——要想控制情绪,首先了解情绪。佛陀并没有止步于单纯的非评判识别：他不仅告诉我们要关注自己的情绪，还提出要做到"清悟"（巴利语为 sampajjana）。佛教最著名的经书恐怕就要数《四念处经》，书中佛陀解释了实现涅槃的具体步骤，其中关键一步就是要将有益和有害的心态区分开来，这样才能有效地消除后者。有大智慧的僧人不仅要时刻留意自己的情绪，还要对其做出正确的评判。

步骤二：评判（确定情绪对我们的影响）

佛陀非常关注有害的心理状态（如包括欲、怒、怠、虑、疑"五障"），提出要想永久性地摆脱痛苦，就必须对其有充分的认识。只有通过深度思考认清现实的本质，才能停止痛苦的轮回。当然，我也知道，大多数人（包括我本人）并没有如此远大的志向，只要活得不那么痛苦就够了，但即便如此，我们也需要评估自己的情绪，这样才能实现自省自查。具体该如何评估呢？我们可以从一个问题开始。

评估自身情绪时，最重要的是先问自己一个常常被忽略的问题。在我看来，不管你是谁，只要感觉自己被负面情绪挟持，第一件要做的事就是问自己这个问题，即：**真的至于吗？**

这个问题针对的是导致你负面情绪的起因，一旦问了这个问题，你就会发现自己情绪强度当即就减弱了一半，至于剩下的另一半，我们也可以通过弄清楚起因再继续想办法解决。

这个问题特别管用，只可惜大多数人很少甚至从未想过问问自己。为什么会这样？因为在我们开始有意识的思考之前，第一系统已经给事情定了性（即使我们能够调动出第二系统，要想真正推翻第一系统发出的警告也是困难重重）。第一系统具有负面情绪偏好，总是戴着有色眼镜评判这个世界，而且还总爱小题大做，导致它常常判断失误。即使是一件小得不能再小的事——那种飞到一万英尺外的高空根本看不见的事或是只有魔拉才会哄骗我们小题大做的事——第一系统也可能会大惊小怪。

第一系统无法对事情的重要性做出正确判断：
很多时候都会大惊小怪、小题大做。

在第一系统中，哪怕只是一时的不便或稍显紧张的互动都会被无限放大，成为非常严重的威胁。而事实上，它们不过是无关紧要的噪声，对我们的生活根本不会造成实质性的影响。21世纪的今天，太多类似这样的小问题正在争先恐后地骚扰着我们。其实，很多事用不了多久就会被遗忘，几分钟，甚至是几秒钟。但是，如果单纯从我们的反应判断，你根本想不到它们只不过是稍纵即逝的噪声。政治学家华莱士·斯坦利·塞尔（Wallace Stanley Sayre）提出了"塞尔定律"，他在《华尔街日报》上分享了他对大学院系之间相互贬低的看法，他说："学术政治是最恶毒、最可怕的政治，院系之间本来就没有什么利害关系，竟然还有所谓的斗争。"我很喜欢这句话，它适用于我们每一个人——充分说明了我们身上的一个坏习惯，那就是对毫无意义的事情也会大惊小怪。

"真的至于吗？"这个问题很重要，但回答起来却不见得容易。如果你无法做出正确判断，还可以追问自己以下几个问题，以便更好地了解自己当下的情绪。首先可以从最基础的问题开始：**一个月以后我还会在乎这件事吗？**

不开心的事情或许有很多：同事的粗心、自己的迟到、服务生上错菜，等等。一件事，如果一个月后你根本就记不得了，那它当下也不值得你为之情绪激动。

如果你真的很激动，还可以问自己一个更为深入的问题，让自己从激动的情绪中抽离出来：**如果我什么都不做，结果会怎样？**

人类的情绪往往会激发出相应的行动，但很多时候，面对不好情绪的最好办法就是什么也不做：咬紧牙关，全盘接受，撑下去，直到情绪自行消退。很多时候，我们不需要做出任何反应，关键是做了也没用，甚至还会适得其反。很多（远多于我们想象的）人际冲突都属于这种情况，特别是情侣之间的怄气。第一系统总是蠢蠢欲动，总想鼓动你发泄出来，但结果却一点好处也没有，很多怨气过一段时间自己就会消散。忽略噪声往往是远离麻烦的最好方法（还记得我之前提到的 CD 事件吗？我可是从中得到了巨大的教训，真的无法想象，有那么一刻自己竟然被戴上了手铐）。关于至不至于这个问题，你还可以从以下角度思考：**这件事在我控制范围之内吗？**

有些事的确很重要，但我们或许根本无法左右其发展：比方说交通拥堵导致你约会迟到；有些人的行为令你不满却也毫无办法。对于那些我们无法控制的事情，我们应该学会区别对待，一些事一旦超出我们所能控制的范围，就要将其归类为"无关紧要"的事情，应对的策略也应做出相应的调整，具体方法我将在步骤三中详述。

遇到有事发生，即使我们有充分理由相信它的重要性（而且也拥有一定的掌控权），也不要急于做出最终判断。情绪化的反应往往源于我们对事情做出的"得过且过"的初步判断。我们在第 3 章已经说过，做出这种判断时我们会遗漏很多信息，而很多时候缺失信息对于判断正确与否起着至关重要的作用。我们在第 5 章中也提到过，遇到的事情越复杂，所谓的定数可能就越不准确。如果你觉得导致你情绪激动的事情真的很重要，你可以问自己下面这个问题：**我掌握多少真实情况？**

人类就是这样，一旦被过度的情绪反应所挟持，便很难再去了解事情的真实情况，但眼前的事实的确未必是真相。我们在第

5章说过，人类的认知系统喜欢的只是内心笃定的感觉，至于真正的事实，我们并没有那么看重。所以，要想了解真实情况，我们需要调动第二系统，只有第二系统才能摒弃急于确认的偏好，才能注意到第一系统根本不感兴趣的信息。我们之前提到过佛陀对负面情绪的看法，他说过，我们对事实的误解很容易导致我们被负面情绪所羁绊，而负面情绪大多来自对现实的错误认识。

如果我们与他人发生了激烈的冲突，那基本上可以确定我们以为的现实情况一定有失偏颇，因为第一系统不会主动了解他人观点，更不会改变我们自身的想法，只会笃定地认为"自己才是受委屈的一方"。第一系统喜欢用自己的逻辑给我们的激烈反应找到合理解释，它不会主动寻找相反的证据或其他解释——要想做到后者需要认知方面的规训，需要我们开启"间隔时空"。这也就是说，如果我们深陷人际冲突，了解真实情况的最好办法就是重新审视我们对他人的判断，寻求相关证据证明我们没有判断错误。

激动的情绪常会导致我们忘记当下问题其实无关紧要的本质，所以我们应该尽量保持冷静，不过话说回来，有些时候，情绪是再正常不过的一种反应。我们刚刚讨论了该如何对情绪做出判断，最后要做的事就是确定应对的方法。在这一点上，我跟佛陀的看法不太一致。

佛教提出了一个一刀切的办法，即及时止损。在佛陀看来，只有不成熟的头脑才会产生强烈的情绪；一旦真正理解并领会了现实的本质，我们的情绪就会随之消失。佛陀一刀切的办法的确有其用武之地，在处理无关紧要的事情或是我们根本无法掌控的事情时，这个办法的确有效。但是，对于那些真的很重要而且我们也可以改变的事情，我们则应该采取另外一种办法：对于当下的情绪，我们不仅不该撤资止损，反倒应该追加投入并且认真对待。

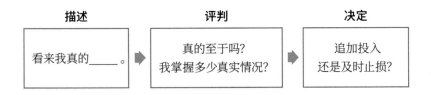

步骤三：决定（追加投入还是及时止损）

如果我们对事情已经做出了忠实于内心的判断，最后要问自己的问题就是：**对于此刻的情绪，我应该追加投入，还是及时止损？**

正确的做法是：如果事情很重要，就应投入更多精力；如果事情不重要，就应该赶紧抽身。具体而言，追加投入就是要进一步思考行动计划，而及时止损就是对情绪放任不理，直到它自行消解。不管我们做何选择，都离不开第二系统的参与，所以必须及时开启"间隔时空"。

第 8 章 | 补救措施三：摆脱情绪挟持

如果事情不重要，我们就要及时止损，但真正执行起来并不容易，因为第一系统激动的情绪会一直鼓动我们采取行动——而我们的行动方式不过就是大喊大叫或是火冒三丈——这些都是第一系统发出的指令。虽然第一系统恃强凌弱，但对付它我们也不是束手无策，最有效的办法就是及时止损。接下来我们就先来了解一下这个办法：不做反应就是最好的反应。

如何做到及时止损：置之不理，听之任之

"置之不理"和"听之任之"这两个办法在西方的正念训练中经常交替使用。虽然这两个办法听上去有点让人费解，但使用起来却简单有效：对于执拗的消极想法，我们可以置之不理；对于执拗的负面情绪，我们可以听之任之。

一旦发现认知系统的负面情绪偏好又出来作祟，一旦判断出令我们痛苦的事情根本不值一提，我们就可以选择及时止损的策略：对心中的小委屈、小不满、小沮丧和小愤怒置之不理。对于无法摆脱的负面情绪，我们不必纠结，可以听之任之，任其发展。我们既不用屈服于这些负面的想法和情绪，也不用与之短兵相接。

我们需要做的就是承认它们的存在，然后该做什么就做什么，不要给自己造成"第二箭"伤害，从而增加"混乱不适"的痛苦。佛陀在说"魔拉，我看见你了"时虽然语气轻松，但这句话足以反映出听之任之这一做法的精髓。我不知道21世纪"事已至此"这个词是如何流行起来的，但它真的很有效，我倒是希望自己能早点用这个词来实现自我安慰。

不管是对问题置之不理，还是对负面情绪听之任之，操作起来都不容易，因为第一系统对我们的影响已经根深蒂固，这时候能够帮助我们的还是第二系统：我们需要用它来推翻第一系统的直觉反应，具体操作起来可以问自己下面这个问题（这是据我所知实现置之不理、听之任之最好的办法）：**天塌下来了吗？**

一旦遭遇情绪挟持，我们就会忘记一个事实，那就是其实一切都还好，天根本就没塌下来。如果我们已经接收到情绪发出的警报，便可以尝试着回答这个问题，这样就可以让自己摆脱歇斯底里的状态。如果你发现一切都还好——没有伤亡、没有危险，而且此刻的纠结过一个月后根本不值一提——那你就朝着置之不理、听之任之的正确方向又迈进了一步，你也会更加清楚地认识到眼下的问题根本不需要你采取任何行动。其实，我们每天都会面临无数这样的时刻，所以更要学会识别哪些是无关紧要的困扰，避免自己小题大做（陷入第一系统的直觉模式）。要想让第一系统乖乖听话，我们就要不断提醒自己把眼光放得长远一些，因为大部分问题根本不是真正的问题,时间会解决一切。一旦确定"天没塌下来",你还可以追问自己:"那我这样真的至于吗?"(每次情绪发出警报,我都会用"知其所以然"来提醒自己,我会审视自己的情绪,问自己真的至于吗?最终我们就会发现,其实一切都还好。)

当然,知道"天没塌下来"并不是最终目的,我们还得在此基础上做出深入的分析。我还没离婚的时候,跟前妻发明了一个"塞翁失马"的游戏,只要发现坏事变成了好事,我们就会用"塞翁失马"几个字将其记录下来。没想到这样的事情比我们预想的多很多:你前面的车开得很慢,本来你很生气,结果却发现要不是它,你可能就要被开超速罚单了;你想去的饭店打烊了,结果却因此发现了一家更喜欢的餐厅;你工作面试表现欠佳,结果却因此开启了一个新的求职思路,找到了更好的就业机会。只要你仔细留意,就会发现生活中充满了"塞翁失马"的例子(当然,我们不能否认也会出现好事变坏事的情况,对于那些事我们最好的反应就是把它们忘掉,毕竟它们对于抑制负面情绪偏好一点好处也没有)。

我们来总结一下。如果我们感受到负面情绪,可以按照以下方法来开导自己:我这种感受很正常,没必要在乎它,更不能因此过多地纠结痛苦。既然事已至此,那就随它去吧,它早晚都会过去。最后这一点——认识到负面情绪终会消逝——非常关键:负面情绪就像重感冒一样,我们能挺过重感冒,也一样能挺过负面情绪，过不了多久，它们就会自行消退。我之所以说这一点重要，是因为它可以帮助我们实现情绪管理，是我们必须了解的一个真相。

真相：情绪会消散——所有情绪都是如此

这件事似乎没有解释的必要，所以我还犹豫要不要将其作为真相提醒大家。不过，经过一番思考，我觉得还是有这个必要。本章最前面我引用了佛陀释迦牟尼的语录，其大意就是：只要你还活着，还是个喘气的人，就会无时无刻不在产生各种各样的情绪。不管你是谁，只要感受到强烈的负面情绪，比方说气愤、嫉妒、紧张、抑郁，你要做的就是告诉自己不用担心——这种感受早晚会消退。就连灾后创伤造成的负面情绪也会慢慢消散：地震后的创伤、截肢后的痛苦，这些在我们看来无法治愈的伤痛也会慢慢退去。事实证明，只要当事人适应了新的生活，痛苦的情绪就会减缓。其实，会消散的不仅是负面情绪，就连买彩票中了大奖的人，一旦适应了新的生活，内心的兴奋也会慢慢减弱。当时当下，由于第一系统的主导，我们会发现情绪如潮水般袭来，总觉得有必要做点什么，但事实上，我们什么都不必做，情绪自己会慢慢减弱——情绪跟核材料和毒品有一个相似之处，那就它们都有半衰期，而我们要做的就是缩短负面情绪的半衰期——加速它们的消退，这样才能帮助自己从负面情绪中快速走出来，这也正是"置之不理"和"听之任之"这两个办法的初衷。我们不妨引用莱纳·玛利亚·里尔克（Rainer Maria Rilke）的诗歌《走向渴望的极限》中的一句话来提醒自己："继续前进吧，毕竟没有什么感受能伴随我们一生。"

负面情绪会消退，但时间有点漫长，
而我们要做的就是缩短负面情绪的半衰期。

印度教起源于公元前 6 世纪，佛教吸收了前者很多观点，但一个重要观点却是佛教的原创，即所谓"自我"只是我们的错觉（不仅会导致内心无尽的痛苦，而且还阻碍了我们开悟的进程）。我们将在第 10 章着重分析佛陀对"自我"的怀疑，在此，先来一起看看他的观点：在他看来，人类是不断变化的知觉、想法和感受的集合体，要想避免痛苦，最有用的办法就是冥想——把注意力集中在稍纵即逝的想法和感受上，只有这样，我们才能体会到它们（包括我们自身）不过是短暂的无常。我认为他的提议很有道理，我们的确应该充分认识到情绪的短暂性。如果我们认为情绪如铁板一块不可撼动，那我们就成了它的俘虏；但是，如果我们能打破这种错觉，就可以加速它的衰退，从而重新获得自由。如果我们能认识到个人的感受都是一种稍纵即逝的存在，就会明白对其置之不理、听之任之的道理。这也就是说，我们根本不用把情绪冲动当回事，我们需要借助理智的第二系统，告诉自己此刻的烦恼并不重要，天并没有塌下来，一切都还很好。当然，我们不能止步于此，我们的最终目的是摆脱负面情绪的挟持。基于正念逻辑的冥想为我们提供了难得的帮助，可以让我们真正做到置之不理、听之任之，从而最终摆脱负面情绪的桎梏。

冥想技法助力置之不理、听之任之

古老的瑜伽修行要求我们把注意力聚焦在呼吸和身体上，这样做的目的是实现个体自我与宇宙自我的统一。从世俗的角度看，冥想至少能帮助我们实现置之不理、听之任之。依我本人的拙见，冥想的方式多种多样，并不一定非要像大多数人那样坚持每天打坐（当然，不可否认，每天坚持打坐冥想确实可以帮助我们养成开启间隔时空的好习惯，必要时可以第一时间调用第二系统）。作为本节的小标题，我刻意用了"冥想技法"一词，就是怕一开始就引起抵触情绪，很多人肯定觉得自己不可能为了摆脱负面情绪每天坚持打坐冥想。我提出的冥想技法虽不同于严格意义上的冥想，却完全得益于佛教的冥想修行，这一点我觉得有必要说清楚。

所谓冥想，就是将注意力集中在某个具体事物上的练习，比如你的呼吸、身体的感觉、视觉、声音、味觉或在意识中浮现的想法和感受等。冥想既可以阻止我们的思绪信马由缰，也能阻止我们陷入某种想法无法自拔：我们不能把自己全权交付给第一系统，不能任由它来决定该把注意力放在什么事上，而冥想可以帮助我们控制专注力，学会了冥想，我们就可以只关注那些想要关注的事情，真正做到留意当时当下。那么，冥想和正念又有什么区别呢？二者的差异非常微妙，某种程度上讲更像是一种文字游戏，不同的人会给你不同的答案，但基本上，冥想是一种从僧院传承下来的活动或练习，而正念则是一种心理状态——一种有利于冥想的心理状态。冥想技法可以帮助我们客观地看待自己的想法和感受，认识到它们不过是意识产物，与云朵、椅子或他人没有本质上的区别；基于这个原因，我们完全可以对自己的想法和感受加以审视，只可惜，如果我们过分沉浸其中无法自拔，便会丧失审视的能力。

冥想的方式多种多样，前面提到的置之不理、听之任之就得益于佛教的两大修行手段，即"入定"（samatha）和"内观"（vipassana）。入定就是把注意力放在某个特定事物上，避免受到其他外界刺激的干扰。在入定的过程中，如果我们的思想开了小差，则需要重新让它回到最初的关注点上，比方说我们的呼吸或身体的感受（有时甚至可以关注一个词或一句咒语）。与入定不同，内观是一种开放式的监控冥想，过程中，我们的注意力可以游走，可以关注新的知觉、想法或感受，内观的过程不是专注一件事，而是观察自身的感受，留意不断变化的体验，认识到其变化的本质。

入定追求定力，可以帮助我们做到对负面情绪置之不理；内观追求自知力，可以帮助我们实现对负面情绪听之任之。

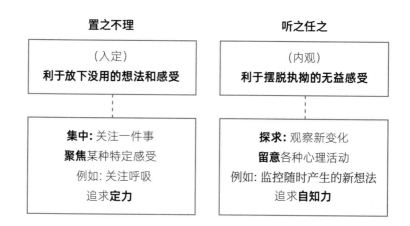

入定最好的办法就是关注自己的呼吸,感受一呼一吸之间的变化。这也就是说,入定练习可以随时随地进行,持续的时间也没有一定之规——并不一定非要(像常见的那样)坐在垫子上持续固定的时长。我们在本章前面部分已经讲过,释放压力的一个有效方式就是慢慢呼气(我每天手机闹钟定时响两次,就是为了提醒自己做几组深呼吸)。如果我们的大脑总是不由自主地想一些没用的事,那就有必要给它安排一些事让它专注起来,而呼吸就是我们最好的选择——当然,我们也可以学习关注周围的声音,如果仔细聆听,会发现很多有趣的声响。入定的目的就是要摆脱各种心理干扰,把全部注意力放在一件事物上。

说完了入定我们再来看看内观,内观的目的是带着一种超脱的心态探究当下的所思所感。内观比入定更难,所以要想做到内观,得先从入定开始。待到我们获得了内心的平静,再去完成下一步更加困难的工作——以超脱的心态观察自身想法的变化。想要对强烈而持久的情绪加以管理，少不了内观的帮助：通过内观，我们可以研究自身感受的变化，从而实现最终的超脱。"我的紧张感主要来自身体的哪个部分（是胸口吗）？"或"我该如何描述自己此刻的身体感受（是紧绷吗）？"这些问题可以有效帮助我们缓解激动的情绪，因为一旦我们把它们看成谜题，探索的心情就会让情绪的强度缓释下来。内观像是来自内心的重要信号，可以帮助我们打开心结——所谓心结就是令我们头脑僵化痛苦的想法和感受。

有人说，打坐冥想需要多加练习，经常冥想的人更容易入定，这话说得有一定道理，但在我看来，比起正式的打坐冥想，培养一种冥想的心态更为重要——正念——这种心态可以帮助我们召唤出冥想技法，从而做到置之不理和听之任之。对人类来说，最难的一课就是学会容忍负面情绪，不要盲目冲动，更不要火上浇油。冥想技法可以帮助我们从激动的情绪中抽离出来，不让自己被情绪冲昏头脑，而同时又能看清负面情绪的本质——它们不过是稍纵即逝的干扰信息，用不了多久就会烟消云散，然而，如果我们处理不当，反而会造成严重的后果。

置之不理和听之任之的方法听上去虽然简单，但我们天生并不太会使用这两种方法，希望以上的讲解能对你有所帮助。除了及时止损的操作，针对有些负面情绪，最理想的办法反而是采取行动。在此，请容我再赘述一遍——面对负面情绪我们只有两种办法，一种是追加投入，一种是及时止损。沉沦、煎熬、纠结、自怨自艾，等等，都不是解决之道，我们要开启"间隔时空"，想出办法积极应对。

> 面对强烈的负面情绪，我们只有两种应对办法：
> 一种是追加投入，另一种是及时止损。
> 沉沦、自怨自艾都不是解决之道。

如何追加投入：选择采取行动

如果我们面临的情况十分重要，而我们的情绪又属于合理范畴，那我们就可以通过制订行动计划来追加情感的投入。请大家注意"计划"一词：大多数情况下，行动前做计划总是明智之举，特别是当我们情绪已经很激动时，已经无法在当下想出有用的办法，这样计划就成了更为谨慎的选择。众所周知，第一系统对紧急情况的判断力很差——它总是驱使我们即刻采取行动，而这时的行动往往都被证明是错误的决定。做计划则不然，计划会强迫我们慢下来，给自己足够的空间思考正确的决定。比方说，我们可以问自己，"我真的掌握了事实真相吗？我真的可以准确判断别人的想法吗？"

周全的计划到底有什么好处呢？它可以帮助我们想清楚"下一步该做什么"。也就是说，最好的行动计划可以从下面这个问题开始：**接下来该怎么办？**

这个问题是集中注意力最有效的办法，接下来该做的事就是"理想自我"基于已知事实将采用的办法，即在一系列"如果"的前提下，你会采取的行动，这一系列如果包括：如果你没有被情绪所累，如果你没有受到自认的委屈的影响，如果你是站在客观角度帮好朋友想办法，如果你是在参加真人秀所以外界能看到你的一举一动，如果你的终极目标是做出最成熟、最周全、最有效的选择，如果你的行为完全符合你的价值观。我们将在第10章继续探讨"理想自我"和"如果"的话题，在此，我想先强调一点，那就是"接下来该做的事"绝非千篇一律的单一选择，它因人而异，这也正是我和维克多·弗兰克尔（Viktor Frankl）意见相左的地方。

弗兰克尔曾经明确表示过，每个问题都只有一个正确解法，他的原话是："我敢说，每个问题都只有一个答案——唯一正确的解法！"在他看来，哪怕"人类作为一个有限的存在不可能不犯错误"，也必须努力找到所谓的正确答案。对于弗兰克尔来说，不管遇到什么情况，总是有一个放之四海而皆准的（得到上帝背书的）"正确答案"。但我不这么认为，如果我们能拥有全部信息，包括未来可能产生的所有后果，那理论上来讲，我们或许的确可以找到正确的方法——做出唯一的正确决定，从而得到期待的唯一结果。然而，从实际操作的角度看，（如果这世上本就没有超脱一切的道德上帝）我认为所谓放之四海而皆准的"接下来该做的事"根本就不存在。日常生活中,我们会遇到各种各样的问题,如果不管什么问题都想用统一的办法解决,这未免把问题过于简单化了(这也再一次证明人类确实有凡事都想简而化之的奢望)。每个人都有独特的价值观,不同的价值观决定了我们对所谓的"正确"也有不同的认识,按照这个逻辑,每个人所谓的正确解法都是自己满意、忠于自己的答案。我们很容易为自己的行为找借口开脱,但其实内心也知道那些行为并非"理想自我"的理想决定。然而,对别人该做的事,我们似乎格外笃定!这才是最吊诡的地方。接下来该做什么,思考这一问题时我们需要一定的自制力,要像质疑别人一样质疑自己的选择。

要想获得这种自制力,自然还得求助于"间隔时空",因为第一系统在情绪激动时不可能做出正确的决定。我们要启动第二系统,让它"快进"到未来,帮助我们预想不同反应可能带来的不同结果。如果我们能将情绪转化为符合自己总体目标和价值观的有效行动,并能想出办法把自己(及他人)的痛苦降到最低,那我们就可以骄傲地说:"我已经找到了接下来该做的事,制订好了有效的计划。"

小确丧和小确幸

我们或许无法控制大脑神经元电波反应导致的想法或感受,但却可以让自己从头脑的噪声中抽离出来,更周全地判断应该采取的正确行动。我们可以走进"间隔时空",激活那个"观察自我",让它来帮助我们实现正念,并找出问题的答案。佛教最初提出正念是为了揭示《四圣谛》的深刻洞见。在佛教看来,人类的痛苦不过是自寻烦恼,只要我们明白欲望永远无法在现实世界得到满足,所谓的痛苦也就自然消失不见。人类的欲望真的永远得不到满足吗?对此我持保留意见,但佛教说人类的痛苦大部分都是自找的,这一点我深表赞成,几乎所有痛苦都是第一系统头脑发热、肆意妄为的后果。

我们在本章重点探讨了如何针对负面情绪偏好进行自我调节,但有一点我们必须要清楚——并不是说消减了负面情绪,我们就可以得到真正的幸福。负面偏好给我们造成的麻烦多种多样,不仅让我们对一些小确丧反应过度,甚至还会剥夺我们享受小确幸的权利。蓬勃发展的积极心理学对于充分享受小确幸这点非常看重,认为它是情绪管理重要的组成部分——培养积极情绪对我们来说至关重要。日常生活中其实隐藏着很多乐趣,只可惜好多都被我们忽略了,我们将在第12章中对此进行深入探讨,在这里我们只需知道,人类在应对负面情绪偏好时,其实面临着双重挑战:第一要削减消极情绪,第二要放大积极情绪;也就是说,我们既要弱化那些真正微不足道的坏事,也要强化而那些看似微不足道的好事。第三个设计缺陷之所以存在,原因主要有两个:一是第一系统总喜欢反应过度,二是第二系统控制内心的歇斯底里时总显得力不从心。第一系统并非一无是处,它可以有效应对真正可怕的大事（如保护人类免遭危险），对于真正的大好事也能给出适当的反应（比如享受感官的刺激）等。真正需要我们仔细应对的是那些小确丧和小确幸，我们需要超越自身的认知设计，充分发挥主观能动性，减少小确丧的负面影响，提高小确幸的积极作用——不管是小确丧还是小确幸，都属于神奇的日常时刻，如果我们没有足够的耐心或终日忙得焦头烂额，那必定会忽略这些神奇时刻的价值。正是为了避免类似的疏忽，我们才需要做到正念，认真体会当时当下。

每天都要提醒自己：
大多数事情都不像我们时下以为的那么重要。

感到强烈的负面情绪时，请问自己：
真的至于吗？
（如果真的至于，接下来我该怎么做？）

第 9 章
认知缺陷四：内心冲突不断

与其他动物相比，人类内心总是萌发出很多相互矛盾的想法和冲动。

——弗里德里希·尼采（Friedrich Nietzche）

我们内心存在太多自我，彼此很难达成一致。

本书开篇就在导言部分讲了人类比动物活得艰难，还一起回顾了叔本华给出的诸多理由，可我觉得他遗漏了一个非常重要的原因。

好在半个世纪之后，深受叔本华影响的尼采意识到了这个重要原因，即文首尼采语录中提到的"人类内心总是萌发出很多相互矛盾的想法和冲动"，因此导致我们常常呈现出"病态的痛苦，相比较而言，动物则没有类似的痛苦，因为它们现有的本能可以满足生存的需求"。叔本华虽然忽略了人类内心最大的纠结，即如何控制各种相互矛盾的想法和冲动，但他如果知道尼采用"病态"一词形容人类，一定也会欣然接受。

如果有人想尝试挑战自我意识，最简单的方法就是食用5克迷幻蘑菇，然后在让他把眼罩戴上。我曾经就做过类似的实验：在经验丰富的专业人士指导下，我食用了高剂量的迷幻蘑菇。药性发作期间，我产生了强烈的幻觉，真切地感觉到已故的祖母重新来到了我的身边，还跟我交代了两件事。第一件，她说人生不过是一场愚蠢的游戏，之所以活着的时候没告诉我，是害怕我承受不了；她恳请我原谅她，还说自己无论如何都不该对我隐瞒生命的真相。第二件，她说要把她儿子的幸福全权托付给我——包括我的父亲和我的叔父。我自己也没想到，在迷幻蘑菇的作用下我固执得离谱，死活都不肯原谅她对我隐瞒人生的真相；至于她拜托我的第二件事，我的态度也很明确：虽然我很爱我的父亲和叔父，也愿意照顾他们，但绝对不能对他们的幸福承担全部责任，因为有太多的因素超出了我的控制范围。后来，祖母的形象慢慢开始虚幻，但她始终不肯松口，一直反复强调我要对父亲和叔父负责，无论我怎么说她都不肯让步。

祖母走了，但我的药劲儿还没有过。幻觉中，大女儿出现在我面前，告诉我说，她知道我不爱她，而且无论我说什么都不会改变她的想法。我提高嗓门反驳道："你说得不对，你得相信我，我对你的爱没有任何附加条件，我对你的爱深沉而久远！"可是，无论我怎么说，她就是不买账，于是我们两人陷入了激烈的争论。再后来，不知怎么搞的，上帝竟然出现了，还告诉我除了相信他，我已经没有其他选择。整个过程就像一场撕心裂肺的风暴，好在专家全程紧紧抱着我：我除了见到了祖母、女儿、上帝，还遭遇了一只可怕的狮子，被它吸入鼻孔后我又变成了一只恐龙，忍着剧痛蜕掉身上的蛇皮，最后变成了一个脆弱的婴儿，浑身赤裸地躺在地上。

迷幻体验是一种残忍粗暴的治疗手段，它会迫使你面对内心的矛盾和混乱。我感觉自己在很多方面都很纠结，各种纠结的事物间还有着千丝万缕的联系：我不想对父亲和叔父全权负责，内心因此产生愧疚；女儿误会我不爱她（或许因为我对父亲和叔父不够关爱？），而我又无法证明，内心又因此产生恐惧；希望女儿相信我，自己却不愿意相信上帝，内心才因此产生困惑。或许正是这些内心的挣扎让我在饱受摧残之后变成了一个无助的婴孩。这个实验告诉我们，哪怕只是用一根没有多锋利的棍子触碰一下，我们所谓的自我意识也会变得不堪一击。

人类与其他动物不同，我们内心总是背负着许多相互矛盾的想法：比方说，我们既想多点一份甜食，又想保持身材；既想飞黄腾达，又想多陪家人；既想熬夜看电视，又想好好睡一觉；既想成为有爱的父母、包容的爱人、八面玲珑的好好先生，又想释放内心的压力，在别人令我们失望时肆意对其恶语相向。人类就是一个矛盾纠结的物种，一旦内心涌现相互矛盾的冲动，我们就会感到巨大的痛苦。

其他动物不像人类活得这么辛苦，因为它们完全是凭借本能活在世上。人类之所以痛苦是因为我们必须面对内心的种种矛盾。

其实，早在尼采观察到人类"矛盾冲动"的两千年前，柏拉图就用他的灵魂马车的寓言描述了人类的这个特质。在柏拉图看来，人类之所以会有内心的冲突，主要原因在于我们的心理是由三股力量构建而成：马车夫代表了理性，其使命是引领心灵走向天国的永恒真理；马车前面有两匹马牵拉，白马代表的是追求荣耀的自我，一直受到强烈的道德感的驱使，所以会努力追求正义和公正；黑马代表的是追求欲望的自我，总是难以抵抗欲望的摆布，所以一心只想追求性、美食和财富。白马一心想要升入天国，黑马却只想留在凡世沉湎于世俗的快乐。对柏拉图来说，问题的关键在于灵魂的旅途中我们离不开黑马的助力，而且柏拉图比弗洛伊德和荣格都更早认识到了这一点：要想精神正常，实现平顺的心灵之旅，我们要学会利用追求欲望的自我，但同时又不能让它占据主导地位。

后来，弗洛伊德也借用了柏拉图的马车比喻，不过他设想的是一位马车夫操控一匹马的情形。弗洛伊德认为，马是"本我"，即我们与生俱来的本能和欲望，虽缺乏意识但无比强大，属于我们精神能量的来源。马车夫是"自我"，即我们后天养成的能力，我们需要它来对本能做出调整，以更好地适应外在世界。自我总是利用理性和事实真相来帮助我们，希望找出既能满足本我需要也能被社会接受的有效方式（比如延迟自我满足和压抑社会无法接受的行为等）。弗洛伊德的理论中虽然只有一人一马，但他的想法与柏拉图的一样，也认为人类的精神具有三重构成：除了本我、自我，还有"超我"，超我是我们的道德指南针，主要来自后天养成，大部分得益于父母的灌输，其手中的武器就是人类的内疚和羞愧。健全的自我可以有效地驾驭本我，同时又可以满足超我的道德标准；然而，如果自我不够强大，想要协调好"凶残的本我"和"折磨良心的超我"之间的关系则会显得力不从心；如果本我受过创伤，而且还保留着痛苦的记忆，那自我的协调工作更是难上加难。一个脆弱的自我很容易崩溃，继而就会导致各种神经官能病症的出现，彻底干扰精神的稳定。

荣格曾一度师从弗洛伊德，我们下一章将对他的理论进行深入讨论，在此先来看看他对人类的精神分析。他与之前两位哲人一样，也把人类心理分为三个主要部分，只是他提出的概念更加复杂一些。荣格假设了一个自我（即我们所意识到的一切）和两种无意识形态：一个关乎个人（存储所有个人记忆），另一个关乎集体（存储人类共有记忆，这部分记忆来自人类的繁衍，再现了人类的发展历史）。集体无意识包含了荣格所说的普遍"原始意象"，这些原始意象在我们出生时就作为原始图像或图案根植在祖先留给我们的记忆之中。不过话说回来，虽然我们共同拥有各种原始意象，但它们存在的形式却因人而异：比方说，我们都有阴影，它代表的是我们人格中不为人知的阴暗一面，但我的阴影不可能与你的一模一样。

虽然柏拉图和弗洛伊德也强调要将人类矛盾的部分统一起来，但荣格才是专注研究这个问题的第一人。

荣格的许多观点都能在弗洛伊德的心理学中找到理论基础，特别是弗洛伊德对人类心理健康的认识。在弗洛伊德看来，一个人要想获得健康的心理，必须充分意识到隐藏在下意识中的紧张和冲突。弗洛伊德认为强大的自我是心理健康的关键，荣格的想法与之类似，他也认为，一个自我了悟的个体要想将各种原始意象有机地统一起来，必须拥有一个可以充分自我表达的强大精神核心。精神统一是荣格心理学的核心思想，这一点不仅受到弗洛伊德的影响，也受到心理学家威廉·詹姆斯（William James）的影响，詹姆斯1902年出版的《宗教经验之种种》中写过一章相关的内容，题目为"自我分裂与统合"。在这一章节中，詹姆斯写道，"如今，对所有人来说……性格进化是否正常完全取决于我们能否认清并整合内在的自我"，而"要想终结内心的混沌……

就要建立一个拥有正确从属关系的稳定的功能系统"。有些学者认为，若不是受到詹姆斯的影响，荣格最终未必会与弗洛伊德及其精神分析理论分道扬镳。

荣格虽然受到了很多人的影响，但他提出的理论绝不是简单的衍生品：他对柏拉图－弗洛伊德的三重精神模型进行了深入探讨，最终的研究显现出惊人的独创性。在荣格看来，人类在自我了悟的过程中与内在自我的联系非常重要，他的这一发现对20世纪兴起至今仍蓬勃发展的"自我实现"运动产生了深远影响。荣格认为，人类之所以纠结，最主要的原因就在于我们内在的矛盾，人类是多个自我的集合体。然而，我们很少会思考这一问题，这也构成了人类认知设计的又一缺陷，也是我们必须了解的一个真相。

真相一：我们是多个自我的集合体

说到对人类精神最为精辟而富有诗意的描述，那绝对非美国作家惠特曼的诗句莫属。他在1855年发表的诗歌《自我之歌》中写下了这样的诗句："我辽阔博大，我包罗万象。"

但是，如果我们把衡量标准改成睿智和深刻，那法国哲学家蒙田恐怕要更胜一筹。他在1580年的《散文集》（第73篇）中写道："我们与自身的差别犹如我们与他人的差别那般大。"400年后，他这句睿智的总结得到了认知心理学家的印证——研究发现，人类的性格时不时会发生改变，而且变化程度很大，个人自身发生的变化丝毫不亚于本人与他人之间的差异。

人类之所以个性多变，部分原因在于我们对环境的高度依赖：我们的感受和反应都离不开特定的情境，而我们的个性特征对所处的环境也极其敏感。举个例子，大多数人的性格都不能一概而论，既不是完全内向，也不可能永远外向，可以说是时而内向、时而外向。跟朋友一起时，我们可能特别外向，但遇到陌生人时，则可能变得羞涩而拘谨（也可能是相反的情形）。我们的性格绝对不是铁板一块——哪怕是在一天之内，性格也可能发生巨大的改变。

人类"多合一"的性格设计可以被细分成很多不同的自我，划分的方式也不尽相同，以下是最为常见的划分方式：

情境自我：我们刚刚已经说过，人类的反应和行为在很大程度上受到了情境的影响，部分原因是我们认为自己扮演着不同的角色（也因此呈现出了"跨越角色的可变性"）。一个人，在扮演职业角色时或许非常认真严谨，但私下里可能非常粗心大意。

道德自我：关于人类性格多变的研究最早起源于情境伦理学，可以追溯到20世纪20年代末。当时的实验表明，小孩子在某些情境下会表现得很诚实，但换到另一个情境就可能会撒谎。研究人员由此得出结论：根本就不存在诚实或不诚实的孩子，只存在诚实或不诚实的情境，孩子考试时会不会作弊，很大程度上取决于考试的形式。很少有人能做到一辈子诚实（就连特蕾莎修女也无法让所有人满意）；真实的情况是，有些情境会激发出某些群体诚实的特性，但是如果场景换了，情况也会发生改变。

跨时空自我：精神病学家乔治·安斯利（George Ainslie）将自我描述为"冲突报偿的集合"。因为得到回报的时间不同，冲突才会出现（现在吃甜点的即时回报与明年夏天苗条身材的延时回报就是一对典型的例子）。在所有物种中，只有人类存在这种当下自我与未来自我之间的斗争，这也因而成为我们内心冲突的一大诱因（下一章我们还会继续探讨这一话题）。

记忆自我：心理学家丹尼尔·卡尼曼对"体验自我"和"记忆自我"这两个概念进行了区分。他对人的疼痛感受做过研究，实验发现："记忆自我"极易受到不适感受的影响，强烈程度不同、出现的时间不同，影响程度也不一样。这也就是说，"记忆自我"的记忆与"体验自我"的感受往往有着千差万别。比方说，在你结束了一个近乎完美的假期后，返程的转机航班突然出现了一些状况，害得你不得不在机场等候一夜；虽然你的"体验自我"在过去一周玩得十分愉快，但"记忆自我"却会把糟糕的返程经历无限放大，并一直对其耿耿于怀。卡尼曼因此得出结论："记忆自我"即使歪曲了真实的过往经历，但因为它持续的时间较长，所以"真实自我"往往更接近"记忆自我"的版本。

社交自我：荣格创造了"人格面具"这一概念，用它来形容人类为了满足预期、呈现更好的自己而佩戴的假面具。威廉·詹姆斯在他1890年的经典巨作《心理学原理》中写道："一个人与多少人交往，就拥有多少个社交自我。"人类就是如此，面对不同人时就会展现不同的一面。

我们是包罗万象的个体，有着千变万化的人格，依照不同的情境而不断发生改变。

这样分析下来，人类确实"包罗万象"。不过，难道真的没有相对稳定的心理特质吗？真的没有即使情境变化也会基本保持一致的特质吗？

人的性格从何而来？

最先研究性格理论的先驱人物依旧是荣格，他的影响至今还在——当下广泛应用的迈尔斯-布里格斯类型指标性格测试，其理论基础就是荣格的性格理论。荣格在1921年出版的《心理学类型》一书中介绍了"外向"和"内向"两个概念，他将人分为两类：一类人通过向内的自我对话获取能量，另一类则从外部刺激中积蓄能量。他认为外向和内向这两大态度主要表现在四个功能上，并因此形成了八种性格类别——这也是当代性格类型学最初的雏形。当前，性格研究的方向发生了一些改变，不再强调类别的划分，反而更加关注性格特征的连续性。比方说，人类的"五大特质"分别指的是开放性、尽责性、外向性、亲和性、神经质，每个人都拥有这五个特质，只是程度有高有低，而大部分人的程度都相对趋中。虽然我们的性格会因时间不同、情况不同而也发生变化，但有些喜好特征却会伴随我们一辈子。这些特质会遗传吗？是与生俱来的吗？

对此，荣格的看法是，外向或内向的主导取向很大程度上的确是与生俱来的，他的这一想法也得到了行为遗传学家的支持。行为遗传学认为，每个人天生就具备了某种性格，即他对外界的情绪化反应。不过，我们在第 3 章中也讲过，人类性格的形成会受到无数环境因素的影响，比方说童年的友谊及其他一些随机事件——是遭遇过校园霸凌，还是遇到了良师益友，两种情况对我们日后的性格会产生截然不同的影响。一项针对 1400 万对双胞胎所做的研究已经充分说明人类的性格特征可以遗传，有些性格特征的遗传性要比其他特征更加强大。的确，正是人类 DNA 中千万个微小的变异决定了我们的想法、感受和行为与他人不同，但基因对大多数性格特征的影响并非绝对，只是一种存在一种概率罢了——也就是说，DNA 是性格的起点，但绝不是性格的终点。我喜欢史蒂芬·平克对此所做的总结，他说："人生就像一场弹球游戏，我们不过是那颗弹珠，一路磕磕碰碰，穿梭过滑道，遇到过阻力，是所有过往的碰撞或侥幸躲避共同造就了今天的我们。"

难怪我们会一直被"我是谁"这个问题困扰。我们是邻居眼中友好健谈的好好先生，还是迟到时会对司机破口大骂的狂躁小人？我们是单位聚会时喝了几杯酒就逗得同事前仰后合的开心果，还是在公园里拒绝与陌生人搭话惜字如金的沉默派？要想判断哪个才是"真实的自我"的确不容易，不仅仅因为我们善变，还因为我们大都无法意识到自己的矛盾和虚假。17世纪，博学的布莱斯·帕斯卡（Blaise Pascal）在他的《思想录》中对人类变化无常的性格做了非常悲观的描述，在他看来，"所有人都谎话连篇、表里不一、矛盾重重；我们不断隐藏、不断伪装，导致自己都搞不清自己真实的模样"。（他经常引用的一句格言是："人的心智也有它自己的逻辑，用我们的逻辑根本无法理解或解释。"）两个世纪过后，尼采在他的《道德的谱系》中也表达过类似的意思，他写道："人类对自己一无所知"，还补充说："因而必然成为自己最亲近的陌生人。"

真相二：我们是自己最亲近的陌生人

我们在本书的第1章回顾了人类神秘的第一系统，它的大部分工作都是在下意识中完成的，我们只能偶尔窥见它的意图。

这种认知上的不透明造成了很多吊诡的结果，首先就是一贯鄙视模糊性的第一系统根本无法接受自己对"内心逻辑"的一无所知，因此总是驱使我们的大脑寻找所谓"规律"、创造所谓"意义"。就这样，对于那些偶尔进入意识领域的下意识驱动，我们本来无法理解，却硬要编造出故事填补上认知的空白，用它们解释自身的迷惑感受和行为，并附加上所谓逻辑和条理。一些认知科学家的想法更为极端，他们甚至认为，人类自我分析过程中的自我观察不过就是一厢情愿的信息伪造。我们在第 5 章中也提到过，尼采的心理学认识要比相关的学术研究早上好几十年，以下就是引自他《偶像的黄昏》中的一句话："我们总想为这样或那样的感受找个理由……似乎只有编造出某种解释才能真正意识到它的存在。"接下来，我们介绍一下尼采之后一个世纪的几位当代心理学家，看看他们对人类虚构理由解释潜意识动机有怎样的看法。

蒂莫西·威尔逊 （Timothy Wilson）	我们是自己最亲近的陌生人，妄想意识可以洞悉下意识，这种操作毫无道理。人类就是这样：总想通过自身行为推断出内心的状态，甚至会为自己的行为盲目编造各种理由。
彼得·约翰逊 （Peter Johansson）	实验已经充分证明人类存在"选择的盲目性"。实验要求受试者对自己的选择加以解释，即使他们并未选择事先预想的选项（比方说，受试者会被询问为什么会选择某种口味的果酱，而实验人员在得知他们的喜好后已提前做了更换），也会编造出理由，将之前拒绝后来误选的东西合理化。
艾蜜丽·普罗尼 （Emily Pronin）	"内省错觉"指的是人类总会高估自己对自身动机的认识（相反，却总觉得别人的自我评价不够准确）。

事实上，很多实验都能证明人类对自己一无所知，但我最喜欢的还是心理学家丹·艾瑞里（Dan Ariely）所做的研究。

实验要求受试者完成一些选择题目，答案已经给出，就印在试卷每一页的最下面。与实验人员事先预想的一样，大多数人在交卷前都会忍不住看一眼答案。让人想不到的是后续的研究结果：受试者又参加了一次考试，这次试卷上没有答案，可想而知，受试者这一次的成绩自然不如第一次的理想，毕竟这次少了答案做参考。真正的研究亮点来了：受试者被要求预测一下自己第二次考试的分数，预测的结果与真实分数越接近，他们就会获得越高的现金奖励。结果发现：如果他们在第一次考试中通过作弊得了高分，对自己第二次的表现也会有较高的预期——仿佛根本不知道第一次的分数并非自己的真实水平似的；让人感觉他们参加两次考试用的是两个完全不同的大脑，不仅如此，两个大脑之间还完全没有交流！

自我欺骗是一个复杂的心理过程，人类之所以进化出这一功能或许就是为了应对内心不断涌现的相互矛盾的冲动。我们应对这些冲动的方式就是压抑某些欲望和想法，以便给其他欲望和想法让路。我们在自我欺骗方面具有极强的天分，就连本来十分正直的人也可以毫不纠结地做出可怕的行为。精神病学家罗伯特·杰伊·利夫顿（Robert Jay Lifton）曾对纳粹医生奉命屠杀集中营中的犹太人的可怕行为做过研究，发现这些医生应对内心纠结的办法就是把自己分割成两个截然不同的自我，一个是"奥斯维辛的自我"（可以毫不犹豫地执行惨无人道的任务），另一个是独立于前者的"本来自我"（即来到奥斯维辛之前那个有道德自律的自我)。到了集中营以后,"本来自我"受到了严重压制,"只有在他们面对家人和朋友时,才会偶尔展现出来"。利夫顿非常难过地发现:"纳粹医生的所作所为绝非个例,在特定情境下大部分医生都可能做出同样的选择,大部分人也是如此。"从这个逻辑上看,人类对自己一无所知或许也不总是坏事,杰克·尼科尔森(Jack Nicholson)在电影《义海雄风》中的那句话可以很好地解释我的意思:因为"我们无法承受事实真相"。

以上就是我们要讲的两个真相。二者结合,我们就会发现人类的又一个设计缺陷:我们是各个矛盾部分的集合体,各部分之间的内讧很难调和,大部分都不在我们的意识范畴,最终导致的结果就是人类特有的焦虑和痛苦。

特征变成缺陷:多变功能沦为分裂自我

每个人的内心都是一个庞大的社区,里面住着无数个自我,像一个集合了各种人格的大家庭,正是这些不同的性格让我们成为立体的、富有深度和内涵的个体。多重自我的设计有一个巨大的好处——那就是它提升了我们的适应性,让我们能够适应各种不同的情境,不仅如此,还培养出可以满足复杂社会需求的能力,让我们在不同时间可以更好地应对不同的人:有时最好的选择是被动合作,有时则是主动干预。作家丽塔·卡特(Rita Carter)曾经说过:"面对令人眼花缭乱的文化变迁和矛盾冲突,那些拥有多元思维的人比只会一刀切应对外界的人要更加游刃有余。"

但是，话说回来，这种设计特征也令我们产生了无尽的困扰。在灵长类动物学家罗伯特·萨波斯基（Robert Sapolsky）看来，"人类进化到了半高不低的阶段，虽然极具可塑性及抗压性，但社交生活却混乱无序，走了不少弯路，依旧满是瑕疵"。事实上，受影响的不仅是我们的社交生活，还有我们的精神世界。人类的精神世界由多个能力体系构成，每个系统都处于一种独立工作的状态，一旦不同系统之间发生矛盾，各个意见相左，自我就会出来打架，从而给我们造成巨大的生存焦虑。

要想克服这种设计缺陷，我们需要先解决一个概念难题。

我们已经明确知道，所谓"性格"确有其事，人天生就会有一些性格倾向，这一点很多心理学研究都能证明。但是，有一个更基本的问题我们还没有深入探讨，这个问题关乎自我的本体地位——究竟有没有一个真正的我可以定义我的本质？如果没有，矛盾自我同时出现时，最终应该由谁来做主？

所有自我中是否隐藏着一个"真正"的自我？

要想回答这个问题，我们可以先从古印度教对自我的定义入手。为什么要从那儿说起呢？原因有两个：首先，许多学者认为，佛教区别于印度教的最大创新就在于前者摒弃了印度教对自我的解释。其次，荣格思想的最大特色就在于他对印度教自我定义的接受和发展。自我理论是荣格心理学的核心，对20世纪的自我救助运动产生了不容忽视的影响。

佛陀和荣格对人心的不同认识可以给我们很多启发，因为他们触及了矛盾自我的核心问题，印度教对二人产生了截然不同的影响。印度教义的核心就是"atman"，这是梵文，意思就是自我（灵魂或气息）。在印度教看来，自我是一种永恒的存在，可以将我们的身体和心灵紧密结合在一起，所谓永恒就是说自我不会因为身体或心灵的陨落而消失。它是我们最真实、最本质的自我，寄居在我们的肉身，即使这一世的生命消亡，也会继续主宰下一个轮回，直到我们最终开悟它才能真正地解放出来。公元前6世纪印度教的瑜伽修行者认为，只有感知到内在自我，只有认识到它是主宰所有生命的永恒精神——婆罗门，我们才能真正实现梵"灵魂"的自由。一旦我们理解并内化了这一真理，因果轮回就消失了，我们的灵魂也将因此获得自由。印度教是所有宗教中最为多元的一种信仰，解释和信奉它的方式多种多样，但不管是怎样的印度教，梵这个概念都是共通的，它是我们内在永恒的本质身份，不同于承载它的暂时的身体和心灵。这也正是印度教和佛教的最大分歧所在，后者不对人类的永恒自我及瞬时非我进行区分。

佛教对自我的认识

乔达摩·悉达多（即佛陀或"觉醒者"）的教诲被追随他的

僧侣凭记忆口口相传了整整400年，直到公元前29年才被撰写成经文（sutras）。悉达多从他师从的僧侣那里汲取了宝贵的思想，其中包括印度教的普遍信仰，即造成人类苦难的罪魁祸首就是欲望，而欲望则源于人类对现实的误解。当时瑜伽修行的目的就是训练信徒通过专注的冥想消除自身的无知，从而认识体内永恒不变的"自我"（atman）。悉达多与印度教的分歧也从所谓"自我"正式开始。

在悉达多看来，自我并非人类内心某个追求婆罗门圆满的中心精神，不过是一堆不断变化的知觉、想法和感受，即不断变化的存在状态，它会出现也会消失，充分体现了包含人类的现实世界始终是一种流动的偶然。他的这一观点绝不是对印度教细枝末节的改变，这是与其本质的背离：佛陀不相信梵的存在，他甚至认为正是因为人类相信有一个永恒的核心的"自我"，才导致我们产生错觉和欲望，以为自己可以独立于世界之外，而因此才造成人类永恒的痛苦和无休无止的轮回。印度教区分"我"与"非我"，而佛教则坚持只有"非我"的存在，即"无我"（anatman）（人类的存在有三个基本标志，一个是无我，另外两个是无常和痛苦）。

佛教与印度教的差别就在于前者认为，所谓自我不过是一堆可能随时产生和消失的不断变化的心理活动。

有人错误地认为佛陀是人类第一个冥想者，但冥想的传统其实可以追溯到印度教之前的瑜伽修行，很可能源于古代萨满教的宗教仪式。释迦牟尼和与他同时代的人一样，也相信开悟源于冥想修行，但他与他们的不同之处在于，他认为开悟的过程要经历深刻的觉醒顿悟，要认识到人类不过是变化无常的统一体中不可分割的一部分。人类若想摆脱痛苦和轮回，并不需要与外界任何东西圆满结合，而是要认识到世间万物都是非我的存在。只有通过对人生的无常进行深入思考，我们才能明白所有的人生体验并不属于我们个人：我们本身就是变化的一部分，是一系列波动的存在，是一连串无我现实的起伏改变。通过对当下的体验进行冥想，我们最终会明白，没有所谓的全知全能者支配我们的认识，没有实质的动因支配我们的行为，也没有永恒的感知者支配我们的感受，有的只是不断变化的、交织在一起的体验，随时可能出现，随时可能消失。明白了这个道理，我们才能摆脱人类独立于外界的错觉，我们的痛苦也才会随之停止。人类与其他动物不同，我们拥有令人羡慕的觉悟潜能，只有人类能够理解苦难的真正本质。

佛陀否认所谓内在真实自我的存在，支持他这一观点的人很多。许多哲学家和认知学家都认为，我们日常生活中的"自我"概念只不过是为了活着方便而提出的一个说法，虽然我们感觉真实的自我就在"大脑的某个地方"，但这种感觉不过是一种意识的表象，缺乏本体论的支持证据。

布鲁斯·胡德 (Bruce Hood)	"自我错觉"源自大脑，而我们的大脑要做的就是整合外界的数据，并以连贯的方式对其做出反应。所以，即使我们知道所谓自我并不真实，但依然无法摆脱这种幻觉。
丹尼尔·韦格纳 (Danniel Wegner)	"了不起的自我"是一种普遍存在的错觉，因为我们觉得自己拥有绝对的自由，可以决定自己的行动，不会受到隐藏的无意识驱动力的左右。我们无视因果逻辑，自以为内心有一个完全不受外界影响的神秘自我可以帮助自己做出决定。

　　佛教认为，意识及意识产物是存在的，但并不存在独立的自我。想法和感受都属于意识，意识不过是无意识加工后所产生的结果，即处理后存入意识的心理现象。意识本身并不创造思想，它只接收思想，我们也可以用提倡正念人士的理论，"心智本身也有自己的想法"，也就是说，思想出现在意识中，就如同声音出现在耳朵里、视觉出现在眼睛里一样，根本不受我们的控制。就好比有一块幕布，它把我们下意识的突触处理和意识的产出分隔开来，我们的所想所感只不过是从幕布后跳出来的东西，但你永远没办法参透幕布背后有关意识神秘起源的来龙去脉。你甚至在自己下一个想法冒出来之前没办法知道自己是怎么想的！（此刻你可以放下书，想一分钟，看看自己会冒出什么想法，之后又会冒出什么想法。你能准确预测出最终进入意识的内容吗？）你或许觉得自己什么都知道，以为大脑中存在一个"知晓自我"，

但事实上，无论出现什么样的心理活动，并没有一个根本的"我"左右这一切，也就是说，并没有一个说了算的自我，并没有一个组织这场认知音乐会的指挥，也没有一个监控这出大脑戏剧的导演。

既然如此，每次当我们谈论"内心深处的真实自我"时，我们指的到底是什么呢？在研究自我救助的文献中，探讨"忠于自我"的个人真实性已经成为一种时尚，但我们必须清楚，这种认识的基础完全是一种假设，即存在一个潜在的"真实自我"，而且这个"真实自我"还可以被我们意识到，可以被我们理解，因为只有这样，我们才可能判断自己的行为是否与其一致（做到了所谓的忠于自己）。我们可能觉得已经认识了"真实自我"，因为我们存储了太多、太多关于自我的记忆，但事实上，我们的自我感知极度挑剔，也极度偏狭，很多时候，出于"自我保护"的原因削弱了我们诚实判断自己的能力。心理学家塞斯明·瓦兹（Simine Vazire）曾经说过，我们的自我认识受到了人类独有的偏好和倾向的限制，因此总体上讲，我们对自己个性的了解并不见得比别人对我们的了解准确。不仅如此，对我们的限制还来自所谓的"自利偏好"，我们对自我的评价就可以充分证明这一点：当有人说自己在"做真实的自己"时，他们往往都觉得自己是外向、随和、认真、聪明且情绪稳定的人。也就是说，想到真实的自己时，我们很容易将自己理想化，把自己想成一个积极向上且招人喜欢的人——这很符合心理学家罗伊·鲍迈斯特（Roy Baumeister）

所做的假设，其背后的原因就在于我们过于在乎帮自己建立一个好的名声，我们太想在这个相互联系的社会获得属于自己的一席之地。尽管我们直觉上感觉存在一个"真实自我"，但要想给它找到合乎逻辑的证据，着实得费一番气力。

当我们思考死亡时，逻辑和直觉就会发生碰撞，这倒能让我们格外关注所谓自我的神秘之处。迄今为止我还清楚地记得祖父的葬礼。我小时候经常去拜访祖父，常常和他待在地下室，一起听音乐、画画、玩桌游等。等到我长到15岁时，得知祖父竟然想在地下室结束他的生命。后来虽然抢救回来了，但他接下来的日子却不得不在医院度过。待我17岁时，他真的永远离开了我们。在祖父的葬礼上，只有家人可以要求开棺看他最后一眼，棺材打开的一刹那，我真的很难将眼前那个面色苍白、妆容夸张的尸体与曾经的祖父联系在一起。我困惑不解，不断地问自己："祖父呢？我的祖父呢？"我从小成长在一个世俗的家庭，理智上我明白祖父已经不在了，但大脑却不愿相信这件事。我以为只要直视他的眼睛，就能将这个谜题解开，或者至少可以接受他已经离开的事实。我努力控制自己的好奇心，但最终还是被它占了上风。于是，我问妈妈能不能扒开祖父的眼睛，妈妈竟然默许了。对于我的做法，其他亲属自然难以接受，于是便纷纷转身离开了现场。

我扒开祖父的眼皮，他的眼球已经翻到了后面，所以我只能看到他的眼白。我想从他的眼睛里找到一丝他的痕迹，却发现他真的不在了。从理智上讲，我不相信有天堂，也不相信灵魂会有来世，但我真的无法接受我所有的记忆以及我所认为成就了我的一切会在某一天瞬间消失不见。再过两代人，最多三代人，可能没有人再知道我也曾经来过人世，须臾之间，我就成了一个虚假的存在，仿佛从没有来过一样。

虽然有太多证据证明"真实自我"并不存在，但大多数人依旧很难接受佛教的观点——痛苦的根源就是对自我产生的错觉。

尽管我们生前、死后无法真实存在，但活着的时候却可以对自己的存在有所认识，即我们的偏好、信仰和价值观。人生苦短，人的一辈子很像是一部粗制滥造的电影，而我们则不过是电影里的临时演员，即使在生前死后，或许也会有一些关于我们存在的痕迹——毕竟我们也演了某个角色。我们有明显的自我认知，即使那不过是一种概念，而非切切实实的存在，但那种感觉却十分真实。大卫·休谟曾在他的《人性论》中这样写道："人类个体与政府的存在模式很像，政府官员总是时不时地更换，但政府的基本架构却永久不变。我们的性格秉性，包括我们的印象、观点也会经常改变，但这些改变并不能导致我们身份的消失。"的确，如果没有自我的概念，我们就丧失了做出不同选择的根本。

无论佛陀的无我理论说得多有道理，大多数人还是难以接受人类痛苦的根源是对自我产生的错觉。相反，我们常常觉得自身的痛苦源于不稳定的自我意识，因为有太多矛盾自我的存在，正是它们之间的相互的斗争导致了我们内心的困惑，让我们无从知晓内心真实的想法，更无法知道自己对他人或生活真正的期许。我们总感觉自己需要一个能够做主的更为强大的自我，可以有效协调所有冲突的自我，从而缓解由于精神分裂造成的各种痛苦和功能障碍。为了解决上述困惑，我们需要好好学习一下荣格的理论，这也是我引用荣格理论的原因所在。

荣格对自我的认识：荣格与佛陀不同，他对印度教自我的概念一直秉持接受的态度，不仅如此，他还提出"分析心理学"中最为核心的理念就是"自我"。释迦牟尼拒绝接受核心自我，并因此从印度教中剥离出来创立了佛教，而荣格却对自我的概念格外热衷，并由此延展出自己的精神理论。荣格深受印度教影响，认为必须感知自我，不仅如此，人生的目的就是要充分展示真实的自我。在他看来，自我真实存在，是我们内在极致的中心，是成熟心智的基础所在，决定了个人所能成就的一切。荣格认为，人类之所以痛苦就是因为自我被隐藏得太深了，从出生开始，我们有意识的自我就在不断适应外面的世界，过程中不断壮大，成为我们心智最为突出的部分，严重影响了其他部分的发展——所谓其他部分，就是指那些决定了我们是谁的潜意识。等到了人生的第二个阶段，我们大多已经适应了外面的世界，并因此能更加自如地控制自我。到了那个时候，我们就应该（也能够）通过将自我带入意识层面而更好地重新认识它的本质。我们作为个体最终的成熟与否就取决于能否将分崩离析的多个自我统一起来，整合成荣格口中的"自性"。

弗洛伊德的精神分析理论给了荣格很多启发，特别是弗洛伊德认为要想缓解人类的精神病痛，最为关键的就是要将沉没在潜意识中的隐藏记忆、欲望等能量流释放出来，把它们带到意识层面，正视它，认真地对待它。荣格与弗洛伊德的区别在于，后者只专注于精神病患者的治疗，而前者则具有更大的抱负。对于荣格来说，将无意识转化为意识，不仅是为了释放被压抑的创伤所带来的紧张，更是为了促进个体命运的了悟。每个人都应与自性接触，只有这样才能将"割裂"的部分整合为统一的整体。荣格认为，如果我们不能将"分裂的精神"统一整合起来，那就无法实现真正的"个体化"。

除了那些严格意义上的荣格派分析学家，当今的心理治疗师并不会全盘接受荣格的理论。话虽如此，传统心理治疗的理论基础仍然是弗洛伊德/荣格提出来的观点，即分裂的自我注定无法快乐，而治疗的核心依旧是要挖掘当事人内心模糊的想法。在治疗师眼中，正是这些模糊的想法造成了人类的功能障碍。欧文·亚隆将人类的这种痛苦称为"内心的孤独"，究其原因就是因为"我们内心不同的自我彼此隔离"，而心理治疗的目的就是"帮助个体重新找回那些被分离出去的自我。"从这个意义上说,"忠于自我"这个概念还有一些可取之处。相关研究不仅证明我们确实会区分"内心自我"与"公众自我",而且还告诉我们人类的心理健康的确取决于这两者的匹配程度。"忠于自我"的感觉虽然在其真实性上还有待考究,但它确实关乎我们自尊、自爱等积极情绪,也会让我们感觉人生更有意义,甚至拥有更满意的人际关系,特别是恋爱关系。所以,哪怕我们不认同荣格把自性作为人类的精神核心,但依然可以认同他给出的相关建议,为了自己的心理健康,我们应该让自己的行为忠实于自己的想法。

即使我们不认同荣格关于"自性"的观点,也应该明白个人的幸福的确依赖于健康的自我认识。

我们可不可以在荣格的自性与佛陀的无我之间找到一种折中态度呢?恐怕很难,但我们可以充分利用二者理论的精髓,更好地应对我们认知上的第四个设计缺陷。

做出改变:将多个自我加以整合

佛陀的思想基础来自印度教,但他摒弃了印度教自我的概念,这是他的创新之处:无我也因此成为佛教的核心教义。荣格的精神理论基础是弗洛伊德的观点，但前者格外重视自我的概念，在这一点上极具开创性，自我概念颇有几分印度教集体无意识的性质，由此发展出来的自性也成了荣格心理学的核心所在。

针对人类矛盾自我的这一缺陷，悉达多和荣格分别代表了的两个极端的解决方案。佛教提出的办法是人类需要认清事实，明白我们不过是构成整体且不断变化的组成部分；在自我内部（或在自我与他人之间）并没有真正意义的区分，有的只是无我，只有认识到这一点，才能让我们从痛苦中解脱出来。荣格的办法代表了另一个极端，他强调我们需要认清内在的自性，并与之形成联结，让它来指导我们内心多个自我的融合，最终成长为完全独立的个体。从象征意义上来讲，我们可以说不管是佛陀还是荣格，他们都对人性的本质都提出了真知灼见：佛陀抓住了人类的基本特点，即起伏不定、不断调整——自我概念是一种心理建构，是我们的自我意象，不一定能与我们的经历和记忆保持一致；荣格提出的观点更加深刻，也更令人振奋——在他看来，人类作为个体的存在，不仅可以实现进化，而且个人的成熟本就是我们应该追求的终极目标。

为了修复自身的设计缺陷，我们需要解决是否存在"真正自我"这道难题，只可惜，目前还很难找到一个完美的答案，但我们也不是什么都做不了，还是能找出办法应对矛盾自我的缺陷。我们每个人都有自我的概念，虽然可能不太明确，但它仍旧是我们作为独立个体存在的基础，似乎还对我们的心理健康起着重要作用。佛陀说过，这个自我概念是一种心理建构，但这个建构真实存在，并非幻觉。在荣格看来，它不仅真实存在，甚至还是我们走向成熟的基础。

　　佛陀和荣格都认为统一心智是达到最终目的的有效手段。佛陀提出了第四圣谛（指明了八正道），旨在帮助人类实现最终的开悟，终止人类永恒的痛苦。荣格也提出个体化的最终目的是改善心理健康，从而完成自我了悟。将这两位先哲的思想精髓结合起来，我们就会得出一条获得幸福的基本原则，即健康的自我概念需要将四分五裂的心智整合起来。

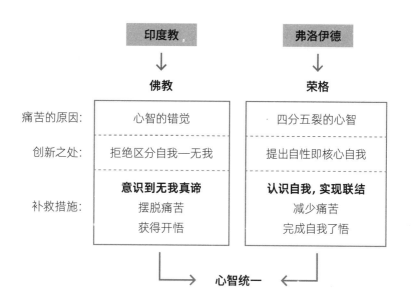

　　威廉·詹姆斯曾经说过：当我试图理解"不同自我的竞争和

冲突时……我就发现必须在捍卫'经验自我'的同时放弃其他自我"。他这话说起来容易，但实操起来困难重重。我们有时候的确是在为某一个自我"站台"，但如果风险不断增加，冲突也因此变得更加尖锐，要想协调好各个矛盾的自我就显得不那么容易了，相互冲突的目标和欲望也因此会造成内心的困扰。这种困难不仅存在于抉择的当下，还会延续到未来，这也解释了为什么我们常常会为自己的决定感到后悔不已。其他动物之所以比人活得容易，就是因为它们无论做什么都是在追随直觉；而人不同，我们总是要面对内心的冲突，也因此总会感到痛苦不堪。

自荣格以来，心理学家一直都在努力，他们不断探索能够将各个矛盾自我整合起来的方法。我们将在下一章探讨该如何应对第四个设计缺陷，而荣格的观点刚好为我们提供了理论基础。虽然对他真实自我的假设依然存在争议，但我们主要借助的是他提出的自我认识——所谓自我是一个不断发展变化的概念。对于心智的整合，我们要问自己的问题不是"我到底是谁"，而是"我究竟渴望成为什么人"。我们可以从存在主义提出的"理想自我"中找到答案，当然，过程中依旧离不开间隔时空的帮助。

关于人类：
人类天生具备"各种灵活功能"，也因此成为融合了多个自我的整体。

关于现实：
与其说自我是一个现实的存在，不如说它是一个简单的概念，而这个概念却对于我们的幸福起着至关重要的作用。

第 10 章
补救措施四：力求一心同体

人类就像洋葱，有许多层皮，只有一层一层剥开才能洞悉真正的内心。

——卡尔·荣格（Carl Jung）

"理想自我"需要一个有能力的调解人帮其赢得谈判。

弗洛伊德与荣格分道扬镳那年两人分别是 57 岁和 38 岁，那一次争执结束了他们长达 6 年的合作和友谊。弗洛伊德认为荣格关于集体无意识的概念完全是没有科学依据的神秘主义，荣格则认为弗洛伊德把无意识描述为性压抑的累积这种说法太过狭隘（他们对彼此的批评如今也得到大多数心理学家的响应）。但事实上，二人理论的基本原理很多地方都是相通的，其中的原因也不难理解，搭建理论框架的是弗洛伊德，荣格正是在他的基础上推演出了自己的理论。弗洛伊德发明了"谈话疗法"（应该说"谈话疗法"是他与约瑟夫·布劳耶的共同发明），他相信心理困扰都源于我们分裂的内心，解决方法在于通过对话将无意识带入意识层面，从而在各自为政的多个自我中找到一种平衡。

不可否认，弗洛伊德的思想贯穿了荣格的理论，但我们本章所探讨的补救措施主要还要归功于荣格，他站在尼采、威廉·詹姆斯、弗洛伊德这几位巨人的肩膀上，开创了"自我了悟"这一概念，后来随着人本主义心理学的出现又继而演变为"自我实现"。荣格认为，要想探索并充分展现我们的潜力让自己成为成熟而独立的人，或许需要整整一生的时间，直到最后我们才可能实现内心多个自我的整合统一。荣格还发明了"中年危机"这个概念，他认为每个人发展到这一阶段都会迎来人生的岔路口，要么会平稳过渡，实现自我了悟；要么就会被困在原地，无法完成内心多个矛盾自我的整合。

我们在此之所以能够探讨补救措施，还要感谢佛陀的思想。实现一心同体要分两步走，这两个步骤与佛陀的"八正道"中提到的停止内心痛苦的两个步骤差不多，即正见与正思维。所谓正见，就是我们必须看清事实，并坚决根据事实行事。所谓正思维，指的是我们必须明确自己的愿望，并按照它来生活；必须明确价值观，并用它来约束自己；必须厘清自己心目中的"理想自我"，并朝着这个方向努力。这样分析下来我们就会发现，力求一心同体的两个步骤其实分别可以概括为定义"理想自我"以及追求"理想自我"。

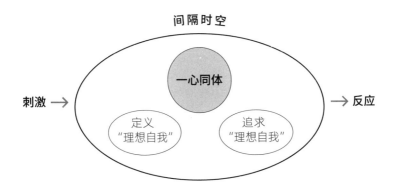

定义"理想自我"很重要，这件事不像荣格所说的聆听自性那么难以捉摸，也不像佛陀所认为的无我本质那般毫无意义。相反，只要我们走进"间隔时空"，就可以厘清自我的概念，就可以成就"理想自我"。

手段一：定义"理想自我"

所谓"理想自我"就是我们渴望成为的自我。对于大多数人来说，这个自我就是那个最自律的自我，知道饮食适度、定期锻炼、早睡早起、控制脾气。不仅如此，这个自我还有远大的抱负，做事雷厉风行，关爱家人，谦逊待人，懂得享受当下。这一系列特征听上去有点长,但用荣格的话总结就是,"理想自我"应该能够展现个体的周全和完美。

不管如何定义,所谓"理想自我"就是我们渴望成为的目标。

弗洛伊德曾在其早期作品中用"自我-理想"一词描绘我们所理解的"理想自我"(但这一概念在他后期的作品中演变成了"超我")。荣格虽然从未使用过"理想自我"一词,但我们可以从他对原始自我的描述中读到他对"理想自我"的理解:在他看来,所谓"理想自我"就是要能充分展现个体的周全和完美。荣格认为,自性在心理整合过程中发挥着重要作用,为此,他还特意发明了一个概念,将整合的过程称为"个体化"。

荣格对"理想自我"的理解:荣格理论的出发点是每个人都不完整,分裂的心智因而会给我们造成精神上的痛苦。比方说,因为对自己身份认同的过度依赖,性格可能会变得过度社会化;因为害怕面对某种性格的自己,相关特质可能会遭受到压制。个体化的过程可以让我们走上自我完善的道路——让我们成为统一自洽的人,从而实现矛盾自我的一心同体。所谓个体化就是我们走向自我、完成自我了悟的过程。

文首我们引用了荣格的话,他把人类比喻成洋葱,需要一层一层剥开才能洞悉内心。要想剥开洋葱，第一步就是要正视我们人格的原始意象，即我们呈现在他人面前的性格。荣格认为，我们在学习遵守社会规范的孩童时期就已经开始养成各种伪装人格。之后，随着年龄的增长，我们不断完善自己的各种人格，并开始扮演爱人、经理和父母等不同社会角色。在荣格看来，太多人由于过度认同自我打造的人格面具以及所扮演的社会角色，最终造成与内心（即未经加工）的自性越来越远。为了充分表达自性，我们要冒着不被别人接受的风险，要完善甚至重塑我们的人格，这样才能让它更接近于真实的自我。

第二个我们必须面对的原始意象是阴影。人格面具是我们想让别人看到的那个人，而"阴影"则是世界看不到甚至我们自己都意识不到的阴暗面。阴影代表了所有我们不喜欢的劣等品质，不仅包括欲望、贪婪、嫉妒、愤怒、怯懦等冲动，还包括其他我们难以接受的渴求（这些问题在自己身上我们都意识不到，然而一旦换作别人，我们一下子就能发现问题所在），阴影总是潜伏在我们的无意识中，只有在情绪爆发时才会显现出来。伪装人格很重要，我们（出现在公共场合时）需要伪装人格，但阴影也同样必不可少，没有它，伪装人格就会永远高高在上，迫使我们过分在意他人眼中的自我形象，甚至深陷其中无法自拔。我们之所以能成为深刻而立体的人，功劳完全在于阴影。千篇一律的原始意象严重影响了我们的情绪和行为，我们别无选择只能承受，因为它能带给我们好处。然而，对于内心深处的阴影，我们越是意

| 超越元认知：五大认知缺陷及应对策略

识不到它，它就会变得越发"黑暗"和"密集"；我们越是压抑它，它就引发越多的神经病症，从而给我们造成越来越多的困扰。阴影与我们打造的伪装人格不同，伪装人格可以重新塑造，但阴影需要我们把它带入意识层面，只有这样，我们才能听见它们的声音。我们不应否认自己的"阴暗"面，相反还应该主动接受它。没有人能够避免阴暗的一面，从出生到死亡，阴暗面将一直伴随着我们。阴影这一概念在"接受和承诺疗法"（简称ACT疗法）中得到了充分的验证，ACT疗法的核心要义就是帮助人们在接纳不好感受和想法的同时尽量做到不被其左右。

在荣格看来，如果我们过度认同打造出来的伪装人格，而无视内心的阴暗面，那很可能造成与自性的严重背离。

我们需要应对的原始意象除了伪装人格和阴影还有很多其他方面，其中最重要的就是自性，即剥掉所有洋葱皮后留下的最核心的部分。自性隐藏在内心的最深处，是我们最为核心的原始意象，也是其他原始意象参照的根本。它决定了我们是谁，也能反映出我们（有意识和无意识）的各个方面，包括实现自我了悟的冲动；它是我们发挥个人潜能的源动力，是"我们人生的目标"，更是"我们经由命运组合而成的个体的最完美表达"。可以这样说，我们作为独一无二的个体所拥有的一切，包括我们未来能够成就的一切，都早早涵盖在了自性之中。

要想实现个体化，其关键在于认识到自性比自我庞大得多，即我们是谁比我们意识到的自我身份庞大得多。根据荣格的定义，所谓自我虽然构成了我们意识的中心，但它绝不是我们心智的中心。在我们生命的前半段，自我不断发展壮大，因为只有这样才能支撑我们应对这个世界。后来，随着我们疲于奔命地适应外部环境，自我也变得更加坚定，应对问题或变化时也越来越自如。在荣格的理论图示中，随着自我不断强大，它会慢慢把自己当成决定我们是谁的全部因素，不愿意向精神世界的其他因素让渡权力。然而，其他因素并不甘心被淹没在意识之下，它们也渴望实现自我表达。如果固执的自我极力压抑无意识自我的表达，那受到压抑的部分就会越发渴望发出自己的声音。这样一来两相对抗，就会导致抑郁、焦虑和纠结等神经功能症的发生。

待到迎来人生的后半段，我们大多已经适应了外面的世界，也慢慢明白了在意识之下还徘徊着各种各样的原始意象，这时候，我们就可以将不同自我整合到意识中来，并将自性纳入意识范畴，从而让自我才能更加准确地反映出我们究竟是谁。为了实现一心同体，为了获得内心的宁静，我们必须成就自性的命运，将各自为政的自我统一起来，"成为完整的个体，成就自我，实现自我了悟"。个体化的过程并不容易，因为我们很难接受自我意识并非自我的全部："所有好事都要付出代价，性格养成所要付出的代价自然也不容小觑。"

荣格在弗洛伊德理论的基础上提出要将无意识转化为意识，

他认为，只有这样才能将被压抑的能量系统释放出来，从而缓解神经功能症的各种症状。荣格的创新之处在于他强调通过发挥核心自性的力量以及对精神世界全部元素的接纳，人类可以完成个体化的过程，并因此充分发挥"绝对独特性"的潜质。如果不能完成个体化，我们的心理发展就会受到阻碍，也就无法成熟起来，更无法拥有完整的自己。荣格说过，每个人自性的形象都已命中注定，这很像印度教的提法，也颇有几分浪漫气息，自性蕴藏在每个人的体内，是我们实现一心同体的希望所在。

荣格的创新之处在于他强调接纳精神世界的全部元素，只有这样人类才可能走向成熟，成为独特的个体。

说了这么多，我们究竟该如何实现"个体化"呢？荣格的看法是，我们可以通过聆听自性做到一心同体。但是，要想让自性与意识有效沟通并不容易，唯一的办法是通过符号和图像来实现。因为受到弗洛伊德的影响，荣格也认为梦境为我们挖掘潜意识提供了线索。弗洛伊德非常热衷于解释病人的梦境，他认为很多梦的象征意义在本质上都与性有关，因此很容易分门别类。但荣格的态度显然与弗洛伊德的不同，他认为分析师只能在患者解释自己梦境时提供一些帮助，主导的还应该是患者本人，毕竟自性使用的象征符号都具有个体的独特性——绝不能一味地将其解读为性压力，还应该有很多更具创造性的理解。（关于聆听自性，荣格提出的第二种办法是"积极想象",具体来说就是通过冥想让图像从无意识中浮现出来,从而实现大脑的放松。)

荣格所理解的"理想自我"指的是完成了一心同体的完整自我。针对内心多个矛盾自我的问题,荣格提出的解决办法是挖掘自性的精神能量,它就蕴藏在我们的内心,也渴望得到充分的表达——不是抽象的间接表达,而是具体的真实呈现。在这一点上,他与存在主义哲学家的意见出现了分歧。首先,荣格和存在主义都崇拜个体性,也都认同避免自我欺骗的必要性,认为这样才能实现全部潜能。但是,荣格强调的是自我发现(聆听自性),而存在主义强调的是自我创造(自主选择)。

存在主义对"理想自我"的理解:索伦·克尔凯郭尔(Søren Kierkegaard)是第一位存在主义学者,他早于荣格半个世纪就发表了《致死疾病》一书,书中他强调了忠实于"真正自我"的重要性,即我们要忠于自己,不要被从众心理左右。克尔凯郭尔作为荣格的前辈曾经这样解释过焦虑:一旦我们认为自己拥有成为成熟个体的自主权时,焦虑就会随之产生。尼采提出的几个观点更加吸引眼球,这些观点的提出比荣格早了几十年,但在我们学习荣格心理学时,还是会感觉有些观点似曾相识,原因就在于此。下面,我们就来看一下尼采的几个重要观点:

- 每个人都是丰富立体的个体,不可简而化之——我们是远古发展到现在的多种冲动的集合体;如果我们无视那些暗藏的黑暗能量,它们就会反过来背叛并攻击人类。

● 各种相互矛盾的渴求和冲动(出自《强力意志》)意味着"本能对我们的影响体现在方方面面;所有自我叠加在一起,共同造成了我们内心的混沌"(出自《超越善恶》)。

● 为了实现一心同体,我们必须协调好各种矛盾的渴求,充分利用蕴藏在精神中心的主导思想(出自《瞧,这个人》)或主导激情(出自《不合时宜的沉思》)。

● 我们必须时刻留意这种主导冲动,稍有迹象就要及时发现,只有这样才能借助它的力量将所有冲动整合在一起,以实现一心同体的伟大目标,同时完成个体化,"成为真正的自己"(出自《瞧,这个人》)。

这些观点在荣格的思想中都得到了清晰的体现(荣格在他的作品中也提到过尼采对他的影响)。但是,二人的观点还是存在很大差异:荣格认为自性是实现个人进化的北极星,可以帮助我们指明发展方向;但尼采不相信所谓的独立自我,在他看来,每个人都是相互矛盾的驱动力的集合体,也因此处于一种混沌状态,只有那些意志坚强的人(即所谓"超人")才能驾驭普遍存在于个体的"强力意志",才能突破并超越传统的价值观。这种强大力量可以帮助我们克服自身软弱和顺从的部分,特别是令人窒息的"从众本能",从而避免被社会所驯化。尼采所认为的"理想自我"可以表现出极强的个人能力，能够用富有创意的决心将主导激情释放出来，从而按照自己的意志做出人生的决定，做到真正的自主。这种富有创造性的自我克服就是存在主义研究的典型主题，与荣格提出的一成不变的既定自性形成了鲜明对比——马丁·海德格尔（Martin Heidegger）在他的哲学理论中一针见血地揭示了二者的差异。

海德格尔在他1927年的著作《存在与时间》中强调了忠于自我即所谓的"自主"，他的意思是我们要拥有自我——成为自己的主人，拥有自己的选择，并为自己的选择负责。如果我们一味地忙于各种事务，不主动停下来思考，如果我们盲目地奉行社会规范，默认"一言堂的专政"——海德格尔眼里的公共舆论，那我们就会陷入一种无法忠于自我的状态（即无法自己做主）。人类不同于其他动物，我们应该让自己从生活中抽离出来，按照自己选择的方向坚定前行，而不要只是被动接受"沦入的生活状态"，遵循无法左右的社会化轨迹，用"一成不变的日常""获得内心的平静"。我们与其他动物不同，我们可以从忙碌中抽身出来，思考最终的死亡结局，以有效激励自己掌控生活，凡事做到自己做主。海德格尔虽然没有提到"间隔时空"，但他也对其功能表示了认同，他也认为我们只有在一个宁静的空间才能启动"理想自我"——这个自我不必疲于奔命、不必接受外在的决定，相反，这个自我可以主动书写自己的故事。

海德格尔与荣格不同，他并不认为人类内心深处存在所谓的自性可以为我们提供终极指导；恰恰相反，他认为人类之所以会感到焦虑就是因为我们的良知要求我们做出选择，却从不给我们任何指导意见。存在主义认为无意识自我完全无法指导我们做出选择，否则的话，那就意味着人类丧失了做决定的自由，同时也抹杀了我们应该承担的责任。我们都知道人终有一死，所以必须更加坚定而"清醒地认识到自身的生存能力，勇敢带着这份焦虑继续前行"。海德格尔所理解的"理想自我"在任何时刻都能实现绝对自由。

让·保罗·萨特（Jean-Paul Sartre）在其1943年的著作《存在与虚无》中也表达了同样的观点（并给著作起了与海德格尔的《存在与时间》类似的书名），对海德格尔的理论表达了自己的支持。在他看来，人类接受自己不过是无法自由创造的既定物质因而不愿对自己行为负责的状态，完全是一种"错误信念"。萨特认为，我们每个人都面临着"超越既定事实"的挑战，应该根据情境做出自己的选择，而不应被外界环境所禁锢和左右。萨特心目中的"理想自我"在漫长人生旅程中总是能够实现自我创造："人类本身就是自己一手打造出来的成果。"

这样分析下来，我们发现前人对"理想自我"有着两种截然不同的理解：一个是存在主义（可以自我创造）的版本，另一个是荣格（可以自我发现）的版本，我认为两个版本各有千秋，我们应该各取所长。

寻找理想自我：我们或许真的只是各种无常自我的集合体，松散地包裹在难以捉摸的自我概念之下。即便如此，也不妨碍我们在内心想象出一个"理想自我"，即个人最理想的状态。要想实现一心同体，定义"理想自我"是不可或缺的步骤。心理学家斯科特·巴里·考夫曼（Scott Barry Kaufman）对"理想自我"做了一个很好的总结，在他看来，若想了解理想自我，我们需要问自己以下相关问题："我到底是谁？"或者"我究竟怎样才能成为真实的自己？"除了这两个问题，他认为还一个问题也很有帮助，那就是："人生苦短，我最想利用有限的时间培养、发展和实现自己哪些内在潜能？"考夫曼将荣格的理论和存在主义对"理想自我"的解释完美地融合在一起，他认为，"理想自我"应该是一种无时无刻不在发生的创造行为，体现出的是我们内心深处的价值观和人生目标。

考夫曼提出的问题都是以未来为导向的，这一点很重要，因为我们总倾向于用自己的过往感受而不是未来抱负定义自己，而面向未来的思考正好可以解决这一问题。心理学家本杰明·哈迪（Benjamin Hardy）曾经说过，我们大多会用自我讲述的过往故事来定义自我概念，很少会有人换个思路，认真思考未来自己想成为什么样的人。其实，要想做出改变并不难，窍门就是把自我认同的思路颠倒过来，从往回看变成往前看——即寻找未来渴望成为的"理想自我"。至于什么是"理想自我"，只有你自己才能定义，这是一个非常个人化的行为：我们内心承载着很多自我，"理想自我"就是那个任何时候我们都愿意让它出来做主的自我。待到未来我们回顾现在，会为"理想自我"的决定感到骄傲，它可以为我们提供最有力的指导，帮助我们回答下面这个重要问题：

"未来的我"将如何评价自己此刻的选择？

这个问题比任何其他问题都更能定义每个人心中的"理想自我"：因为它迫使我们先（依照荣格的理论）审视自己的内心，然后再（遵从存在主义的思路）做出自由的选择。不仅如此，这个问题还可以帮助我们回答第8章提出的一个关于摆脱情绪挟持的关键问题：**接下来该做什么？**

简单来说，接下来该做的事就是会让未来自我感到骄傲的事。遭到批评，我是该火急火燎地发封邮件发泄怒气，还是该保持冷静，想出一种避免冲突升级的有效回应？我该怎么做"未来自我"才会更满意？因为疲惫不堪，我就可以连吃两块巧克力吗？"未来自我"会为我的行为感到开心吗？为了看一部烂片，我应该熬夜不睡觉吗？"未来自我"明天早上会为我点赞吗？接下来到底该做什么？什么才是正确的事？这此问题应该由"未来自我"说了算。每当我想了解"理想自我"的想法，寻求"理想自我"的帮助，我就会问自己上述问题。这些问题不仅能够帮我找到"理想自我"，还有助于改善我与他人的关系，包括恋爱关系和其他各种关系（对于恋爱关系尤为有效）。

但是有一点我们要明白，要想让"理想自我"在所有矛盾自我中脱颖而出，定义它只是第一步，第二步同样关键，那就是在众多想法各异的自我中优先考虑"理想自我"的选择。第二步操作起来难度更大，因为要想打赢这场斗争，我们得做到身兼数职——既得是将军，又得是士兵（而且不只是一个士兵，而是很多士兵，大部分还不太听从将军的指挥）。那具体谁该是将军呢？谁来负责发号施令才能调动出"理想自我"呢？

我们不妨回顾一下休谟在《人性论》中所做的类比。他说："我认为最恰当的类比就是把人类灵魂比作一个共和国或一个联邦，其中各个成员可以在政府和隶属关系的指导下有机地统一在一起，做到彼此相安无事，而且互惠互利。"这个类比确实不错，但却有一个疏漏，那就是不管是共和国还是联邦，都会有一个首脑作为领导，如果我们的灵魂和共和国及联邦类似，那谁又是我们心智的首脑呢？谁将是那个负责优先考虑"理想自我"的君主或总统呢？另外一个类比也很有参考价值，是心理学家大卫·莱斯特（David Lester）提出来的，颇有一丝荣格的风格。他说："人类的大脑就像一个大家庭，家里有很多成员，容纳了多个自我。"在莱斯特看来，一个正常的人必须兼顾到内心的每个自我，这一点跟"家人之间的相处之道"颇为相似（内部家庭系统是一种有效的治疗方法，其理论基础就是"心智大家庭中有多个成员"这一基本原理。）在一个大家庭中，做主的大都是父母，那在我们的心智中,谁是说了算的父母呢?

如果荣格提出的核心自性真的不存在,自我不过是一个摇摆不定的概念,如果幸福的关键真的在于阻止矛盾自我扼杀"理想自我"从而实现一心同体,那谁该负责完成这项艰巨的任务呢?

手段二:优先考虑"理想自我"

弗洛伊德认为,这一艰巨任务应该由自我承担,而不应遭受本我爆炸性需求的摆布以及超我严厉批评的禁锢。荣格认为,负责这一任务的应该是自性,由它来全权指导一心同体的过程。我们自然希望"理想自我"也能有所担当,但事实上,真正负责的是那个当下威力最大的自我,即与众多自我的竞争中胜出的那一个。

真正做主的是那个当下威力最大的自我,
"理想自我"只是偶尔才有机会发挥作用。

这也就是说,"理想自我"很多时候并不是那个最强大的自我,总有比它威力更大的自我存在。这是为什么呢?原因是第一系统催生出来的自我总是寻求短期回报,有时甚至是瞬时回报,而只有第二系统构建的"理想自我"才会充分考虑未来的利益,而且是遥远未来的利益。因为第一系统的强大优势,各个自我想要通过谈判达成共识并不容易。但是,即使再不容易,谈判也要进行。

第 10 章 补救措施四：力求一心同体

真相：跨越时间的谈判

心理学家理查德·塞勒（Richard Thaler）和赫什·舍夫林（Hersh Shefrin）双双表示，每个人内心都有一个优先考虑长期回报"策划者"，但也有很多自私自利只关心既得回报的"执行人"。换句话说，只有"未来自我"会关注长期利益，因为它是我们错误决定的直接受害者，也是正确决定的最终受益者。与"未来自我"竞争的是各个当下自我，它们或许对自己行动的长期影响有些模糊认识，但对做出妥协却毫无兴趣。这也就是说，一旦冲突产生，我们就将面对一场专属于人类的挑战——在漫长的跨越时空的冲突中与无数自我进行一场跨越时空的谈判。

这场谈判的有趣之处在于："未来自我"在这场交易中无法来到现场，只能委托它的代理人"理想自我"参与协商。

作为"未来自我"的代表，"理想自我"需要考虑当下决定的长期后果。"理想自我"的工作开展起来很不容易，因为这场谈判本身就不公平，第一系统注定会偏袒即时欲望——即使我们曾经多次因为吃得太多、喝得太多或看太久电视而感到后悔，到了下一次还是会重复同样的错误。心理学家安吉拉·达克沃斯（Angela Duckworth）曾经说过："人类对外界默认的反应就是做让自己当下感觉好的事情，即使我们已经有足够多的生活经验告诫自己这么做会后悔，还是很难摆脱初始的设定。"为什么会这样呢?因为"比起长期目标,我们更容易被大多数的诱惑所吸引"。这又是什么原因造成的呢?心理学家马克·利里(Mark Leary)认为:人类自我进化的程度还不够,还无法在当代生活中发挥足够强大的掌控力。农业社会以前,人活着基本没有长期目标,日子都是过一天算一天。但自从过渡到农业社会以后,人类社会便从一个即时回报的环境步入到一个延迟回报的时代。然而,我们大脑的初始设计还不适应这种延时回报,精神病学家乔治·安斯利(George Ainslie)借用"双曲贴现"一词来描述人类喜好的程度会随着回报的延迟而发生迅速而急剧的变化:对我们来说,即时回报的价值最高,一旦回报延时,我们对它们赋予的价值也会急转直下(我们不会以恒定的指数来折算未来回报,而是以一种夸张的双曲线方式对其进行计算)。因此,我们必须认清这样一个真相,那就是我们始终处于一种跨越时空的谈判之中,需要在当前的强回报和未来的弱回报之间寻找到一种折中选择。如果"未来自我"只能依靠"理想自我"代替自己出征,那么这场战斗它必定会输得很惨,好在"未来自我"还能找到其他帮手。

比较心理学家注意到这样一个现象:"其他动物很难为获得更大回报等待哪怕只是一两分钟,而人类却可以将即时满足无限期延后。"这仿佛在说,我们或许不必屈从于当下最强有力的自我,多少可以自己决定由谁来做主。人类与其他动物不同,我们可以找到一个调解人,让他帮助我们掌控各自为政的自我。这个能出面调停的人就是第二系统的元认知,即那个"观察自我"。

"观察自我"出面后会营造一个公平的竞争环境，也会更多考虑到"理想自我"的利益。

我们可以请人帮忙守护"理想自我"的利益，这个调解人就是第二系统的元认知，即"观察自我"。

我们如何才能做到优先考虑"理想自我"呢？如何在根本不愿意做某事的情况下还驱使自己完成工作呢？办法就是调动"观察自我"，让它来做主。"观察自我"其实就是元认知自我，就是我们之前所说的那位可以发号施令的将军，也即实际意义上的国家元首或家里做主的父母。元认知会将注意力的焦点转向我们自身的想法和感受，从而给"观察自我"留出足够多的时间，让它可以充分考虑到每个自我的想法。"观察自我"在开展调停工作时会有效协调"理想自我"与其他自我之间力量上的差距，从而赋予"理想自我"更多的优势。

把主事权交给"观察自我"

元认知在实施许多策略时都把主事权交给了"观察自我"，这样做可以增加"理想自我"与其他自我谈判的筹码。我们不妨一起看看我个人所认为的最为有效的三个策略。

要想使用这三个策略，必须先把"观察自我"请进间隔时空，因为只有在这个空间，我们才能保持头脑清醒，才能厘清"理想自我"的选择并加以实践;也只有在这里,我们才能看到其他自我的问题,才能真正启动第二系统的元认知,让自己抽离出来保持冷静,避免头脑发热;也只有在这里,我们才能调动"观察自我"的广阔视野,提出最为关键的问题——"'未来自我'会如何看待我眼下的决定?"如果遵循维克多·弗兰克尔的思路,我们还可以把问题换成"人生路漫漫,此刻的我该何去何从?"只有进入间隔时空,我们才能确保"理想自我"战胜备受即时欲望驱使的其他自我,才能确保长期利益得到足够的重视。

我们之前就说过,人类可以通过深呼吸走进间隔时空,然后再通过唤醒"观察自我"让空间不断扩大——"观察自我"可以帮助我们仔细盘点不同欲望之间的竞争,以便最终主持一场公平的谈判。

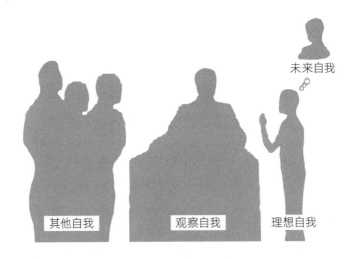

谈判时,我们会不会本能地退后观察,并以一种超脱的姿态

赋予"理想自我"更多的发挥空间呢？答案是不会。因为第一系统不愿意审慎决定，也不喜欢压抑自己的欲望，所以"理想自我"不可能自然而然地出现。这也就是说，我们出于本能做出上述选择的可能性并不大。

好在，我们可以请出"观察自我"，让它利用以下三种策略帮助"理想自我"找到发挥空间。

策略一：利用预先承诺，克制冲动心理。尼采发明了"强力意志"一词，将其定义为激励生物向外界施加影响的核心力量。这是一个比较宽泛的定义，如果从狭义的角度看，我们也可以用"意志力"一词来代替。意志力指的是我们抵抗内心强烈欲望的力量。我们必须清楚，意志力的抵抗并不一定可靠，因为我们总是习惯性地高估自己控制冲动、抵制诱惑的能力，这也就是说，我们总是对自己的意志力过分自信（即所谓的"克制偏好"），这会导致我们将自己置于一个非常危险的境地。比方说，我们常会抱着"偶尔吃个甜点"的心态给自己买一桶冰激凌，或是打着"只看几分钟"的旗号上床前打开电视。我们眼前始终摆着一个难题，那就是当我们处于"冷静"状态时，很难回想起自己"头脑发热"时的冲动，也就是说，不在冲动的当下，我们很容易低估冲动的强大力量。冷静时，我们的想象力不够丰富（存在"同理心缺口"），而身处当下的我们又很难想象未来处于完全不同的心境下我们又会有怎样不同的感受。这样说有点抽象，举个例

超越元认知：五大认知缺陷及应对策略

子大家就清楚了：我们在前一天晚上睡觉前制订了一个第二天早起锻炼的计划，但是，当我们做计划时，并没有考虑到第二天早上为了多睡 20 分钟自己可以毫无原则的心态。（在这里顺便插一句，如果此刻他人处于头脑发热的状态，而我们处于冷静的状态，由此造成的同理心缺口也会导致我们无法与对方共情，这就是为什么我们常会听到如下的问题，比如，"他为什么这么激动？"或是"这么点小事，她为什么如此紧张？"）同样，当我们感觉累了、饿了或不堪重负时，我们的自主决策能力也会下降（即"自我意识损耗"），这也是出现同理心缺口的一种表现。由此，我们可以得出如下结论：自我控制本身就是一种有限的资源，使用起来还会受到更多的限制，原因在于冷静时我们容易低估冲动的威力，而同时又会高估自己的意志力。

冷静时，我们总是容易低估冲动的威力，鉴于此，若想让"理想自我"发挥作用，只靠意志力远远不够。

"理想自我"大多是在冷静状态下才能发挥作用，它所关注的也是未来的利益；而其他自我则不然，它们常常在冲动的状态下出现，关注的也只是眼前利益。为了不让二者相互厮杀，我们可以借助"观察自我"的力量，确保我们使用的策略能够发挥作用。心理学家已经达成共识，普遍认为自我调节的最佳途径不在于加强自我控制，而是要消除周围环境中存在的诱惑。达克沃思曾经说过，情境策略（即通过操纵环境来降低内心的纠结）要比心理策略（即让不同自我相互厮杀）有效得多。吃自助餐时该如何抵挡吃多的诱惑？答案很简单，就是根本就不要去吃自助餐。如何避免用信用卡过度消费？办法就是把信用卡折断，从今以后不再使用。如何避免熬夜看烂片？可以给电视设置睡眠功能，确保它晚上11点钟自动关机。比起看电视，听一段舒缓的音乐往往是更好的选择。那我们又该如何改善自己的饮食习惯呢？办法也很简单，那就是不要打着"给客人吃"的旗号往家里买冰激凌。说到现在，我想你对情境策略已经有了一定认识，其中最重要的一点就是让"观察自我"先发制人，把诱惑扼杀在萌芽阶段，这也就是小标题中提到的预先承诺，这种做法充分考虑到了意志力薄弱的特点，因此更有可能发挥作用。

最初使用"预先承诺"一词的是经济学家罗伯特·H·斯托茨（Robert H. Strotz），他在研究《奥德赛》时引入了这个概念：尤利西斯命令船员把他绑在桅杆上，这样一来，即便他听到海妖的歌声，也不会因为无法抵制诱惑而纵身跳下船游向她们。"观察自我"知道我们的弱点，所以才预先设定承诺，以确保"理想自我"可以在与其他自我的斗争中占据一定优势。"预先承诺"可以确保冷静状态下所做的决定也能有效抵制未来冲动的欲望。

抵抗外界诱惑真的很不容易，所以才需要我们用预先的承诺削弱各种自我的势力。要想预先承诺奏效，必须尽量做到细微而具体。模糊笼统的预先承诺很容易受到冲击，一旦我们将欲望合理化，预先承诺就会变得不堪一击，进而再次把"理想自我"拉回到了与其他自我拼杀的现场。要知道，其他自我个个体格健硕，早已对薄弱的意志力虎视眈眈，所以我们要尽量避免这样的情况发生。我们来看一个例子：比起一个月不吃甜点、一个月不喝酒这样具体的目标，一个月减重10磅的计划就会显得过于宽泛，因此失败的概率也要高很多。同样地，与其只是列出一个今年写一本书的计划，不如设定一个更为具体的目标，比方说每天晚饭后花一个小时写书稿。明确而具体的预先承诺可以帮助"理想自我"减少控制其他自我时遇到的阻力。

那些处于冲动状态下的自我太强大了，甚至可以扭曲第二系统思维以满足自己的计划，类似的例子比比皆是："我这会儿再吃一份，明天再开始减肥"或"我今天就犯懒看一天奈飞（Netflix，视频播放平台），好为以后的工作养精蓄锐"。我们特别擅长在事先定好的规矩中寻找漏洞，哪怕是我们自己制定的规矩也很难幸免。将欲望合理化的操作给"理想自我"设置了巨大障碍，也因此成为"理想自我"最为强劲的对手。罗伯特·萨波斯基(Robert Sapolsky)说过："凡事都给自己找理由，这样下去最后的下场就是地狱。"这也就是说，我们必须控制自己，规矩一旦定下来，就不能允许出现太多例外。

策略二：养成良好习惯，避免例外发生。人类特别擅长自我欺骗，就连很多跟未来根本扯不上关系的破例行为，也都会被我们做合理化的解释。事实上，这种解释不过是我们一厢情愿的妄想。乔治·爱因斯利（George Ainslie）把合理的例外选择和打破规矩的先例进行了深入对比，最终发现，很多我们误以为合理的例外实际上是为日后破坏规矩铺设的先例。由于存在同理心缺口，我们总以为今天打破规矩的行为不会对"理想自己"在未来做主这件事造成什么影响，但事情并非如此：破例最终一定会导致规矩的破坏，这就是所谓的"习惯成自然"。

当下的选择会对未来的选择产生影响，我们必须充分认识到这一点。当下的选择会以某种方式影响自我概念的塑造，并强化自我认同（认为自己无法抗拒甜食、无法对爱情信守承诺，或做事总爱迟到）。当我们无法遵守预先的承诺而一次又一次合理化自己的破例行为时，未来更多次数的破例就已经在不远的前方等着我们了，我们的坏习惯也会变得越来越严重。为什么会这样呢？因为当下的选择会预测我们未来的行为，今天一次性的例外会影响"理想自我"在明天发挥主导的优势。这就是为什么有人说"100%比98%更容易"。管理学教授克莱顿·克里斯坦森（Clayton Christensen）也说过，个别一次打破自己立下的规矩似乎不是什么大不了的事，毕竟一次作弊的边际成本看似微乎其微，但是，如果我们明白它其实是在为未来的破例铺路，就会知道它对我们的决定将造成严重的负面影响："如果你（给一次例外）找了借口，那接下来一定还会这样做。"

当下的决定会影响我们未来的选择：
这就是所谓的"习惯成自然"。

要想控制例外的发生，我们不能只凭借虚弱的意志力，而是要坚持遵循事先想好的选择，这也正是好习惯对我们产生的积极影响。如果一个习惯符合"理想自我"的标准，那它就将成为我们开创美好未来的强大助力。为什么呢？我们常说习惯成自然——习惯会塑造我们的神经回路，促使我们坚持预先设定的路线。习惯会减少选择的数量：所谓习惯成自然，就是说人类的初始设定决定了我们更愿意选择熟悉的路径，因为这种选择会帮助我们节省精力。习惯还会降低"决策疲劳"，因为有了习惯，我们就不再需要耗费能量来权衡其他的选项，也不再需要花费力气去抵制外界的诱惑。习惯一旦成为自然，它就会帮助我们做出决定。当然，这种所谓的自然有利也有弊：好习惯是我们的朋友，能够强化我们的正面行为；但坏习惯绝对是我们的劲敌，会让我们越发难以摆脱不好的行为。

作家詹姆斯·克利尔（James Clear）非常鼓励我们养成那些"符合身份认同的习惯"，因为那些习惯可以帮助我们成为理想的自己。如果你事先想好要成为什么样的人，比方说要成为隔天晨练的人、说话注意音量的人、每晚饭后看书半个小时的人，那所有符合的习惯就会加强你的身份认同，帮助你达成理想的目标。这种正向操作的好处实在太多了，但是如果倒过来，你毫无戒备地默认第一系统的设定，冲动的行为就会打造出一个"低劣自我"，并形成恶性循环，让你一辈子也无法摆脱不好的习惯。每次当我的"理想自我"感到力不从心时，我都会对自己说，我是那种面对挑衅会停下来冷静思考的人，我是那种吃东西知道适可而止的人，我是那种凡事先替孩子着想的人。凭借这种方法，我已经戒除了好几个坏习惯，具体操作起来也十分简单，只需对自己说一句：我不是 _____ 样的人。

好习惯一旦养成，就会为"理想自我"积聚力量。不过，并不是说有了预先承诺或好的习惯，我们就一定能确保"理想自我"的胜出，每次当我们累了、饿了、有了压力，特别是当我们情绪激动时，我们还是很容易误入歧途。正因如此，我们需要一个"情急之下，打碎玻璃"的策略，这个策略实际上是第二个办法的延伸，简单概括起来就两个字：假装。

策略三：行事时"假装"自己是别人。万一前两个策略都没办法阻止我们打破自己定下的规矩，没办法阻止我们给自己的破例找到各种借口，那还有"最后一招"可以保护"理想自我"。心理学家阿尔弗雷德·阿德勒（Alfred Adler）研究出一种"假装你是别人"的手段，可以充分鼓励那些符合预期的非本能行为。如果前面两个办法都没奏效，我们至少还有这个"假装"的法子可以一试。比方说，我跟爱人闹别扭，眼看就要发火了，我可以赶紧进入"间隔时空"，召唤出那两个神奇的字——假装——用它们来提醒自己,我要假装自己是一个善于息事宁人的人,遇到这种情况我该先找个地方冷静下来。再举个例子,如果我感到疲倦、孤独,特别渴望赖在床上,却又不想浑浑噩噩地消磨时光时,我可以假装自己是个积极的人,给朋友打个电话,或是出门走走,这样就可以帮助自己走出低谷。"假装"是一个非常有效的办法,可以帮助我们遏制冲动,避免偏离"理想自我"选择的路线。

"假装"是我们最后的办法,也是最有效的办法,可以帮助我们遵循事先选定的路线,避免背离"理想自我"的选择。

事实上,"假装"适用的不仅仅是紧急情况,普通情况下照样有效。说它有效是因为它可以帮助我们设想出"理想自我"在没有任何阻力时可以发挥出来的作用。早在400年前,心理学家还没有针对习惯养成做研究时,莎士比亚就已经对人性做出了敏锐的洞察。他发现"假装他人"的确可以帮助我们养成良好的习惯,他笔下的哈姆雷特不赞成母亲与叔叔的关系,告诫她说:"如果你没有勇气与他一刀两断,就假装自己有勇气吧。"在接下来的第四幕第三场的戏中,他还教导母亲用预先设定先例的方法养成好的习惯:虽然她不是什么贞洁烈女,一晚的禁欲也不难做到,而只要有了第一晚,第二天便不会觉得那么痛苦了,再往后习惯就会变成自然。剧中,哈姆雷特解释说,习惯可以改变我们的天性，可以让我们变得更好，也可以让我们变得更糟。在没有其他更好的办法时，"假装"可以有效帮助我们养成好的习惯。

在"理想自我"的选择中破浪前行

我们究竟是谁？我们既不是佛教意义下稍纵即逝的错觉，也不是荣格口中多个自我的长久集合。我们是二者的折中——更像是流动的液体，而非一成不变的固体。我们的身份认同像河流一样，也会经历潮涨潮落，河流虽然没有"内在本质"，却可以不断变化，并产生无穷的力量。如果我们能走进"间隔时空"，如果我们可以放下所有的干扰，"观察自我"就会赋予我们更大的自由——让我们可以造就并滋养"理想自我"。在"间隔时空"，我们可以掌控自身各种心理状态，可以游刃有余地穿梭于意识的长流，直到它最后流入我们还不得而知的无意识的浩瀚海洋。

> **每天都要提醒自己：**
> "理想自我"始终处于一种待命状态，只等我们一声召唤，就会出来给我们提供帮助。

> **感到强烈的负面情绪时，请问自己：**
> 我有没有为"观察自我"提供足够大的空间，保证它可以优先考虑"理想自我"的选择？

第 11 章
认知缺陷五：人生本末倒置

> 如果我是……一只猫，我的生命也应该有存在的意义，又或者我根本不会有这个困扰，只会像其他动物一样，选择既来之则安之。
>
> ——阿尔贝·加缪（Albert Camus）

认错了纠结对象，找错了探索方向。

文首加缪的话具体是想说，其他动物都不会纠结于生命的意义，它们总是既来之则安之，不会有其他想法。关于这个问题，哲学家托马斯·内格尔（Thomas Nagel）曾经说过类似的话："身为一只老鼠……它并不会觉得自己有什么可怜之处，因为缺乏自我意识和自我超越能力，根本不会意识到自己只是一只老鼠。"可是人类不同，我们特别容易觉得自己渺小，觉得自己身处劣势，甚至觉得自己的存在不过是一种偶然，充满了不确定性和特殊性。

我清楚地记得自己第一次思考意义是什么时候，当时给我造成的困扰用一两句话根本说不清楚。那时我才上九年级，当天正在家里复习法语考试。我坐在卧室的地板上，手里拿着课本，笔记摊了一地。复习动词变位时，一股压迫感突然袭来，我忽然感觉自己当下所做的事情以及未来要做的事情根本毫无意义。我看着手里的课本，完全丧失了复习的动力。我清楚地记得自己当时的痛苦感受：不仅我做什么不重要，就连我的存在本身也没有意义，这就是生命的真相，无论我做什么都无法改变。

家里人都在隔壁客厅热络地聊天，我对此大为不解，难道他们不清楚一切都毫无意义吗？他们都是成年人，应该早就有所领悟啊，可为什么他们没有因此而感到麻痹和痛苦呢？是什么驱使他们在艰苦乏味的生活中日复一日地前行？

那时候，我还没怎么看过法国存在主义哲学家加缪的文章《西西弗的神话》，不过现在我知道了，他开篇的第一句话是："真正重要的哲学问题只有一个，那就是人会不会自杀。判断生命是否值得活下去，办法很简单，只要看当事人对这个基本哲学问题的回答就可以了。"虽然当时的我并没有自杀的想法，但加缪的话着实抓住了我当晚困惑的精髓。加缪的猫和内格尔的老鼠都不会有人类的困惑，精神病学家安东尼奥·普雷蒂（Antonio Preti）说过："博物学家已经对数千种动物进行了深入研究，至此还没发现有野生状态下的动物自杀的案例。"

第 11 章 | 认知缺陷五：人生本末倒置

那天晚上，两件事让我产生了前所未有的困惑：一个是我发现宇宙对我的存在毫不在意，这让我非常难过；另一个是我感觉周围竟然没人看到这一"真相"，这让我内心产生了巨大的困惑和奇怪的疏离感。好在最后我还是把心思拉回到了枯燥的复习上，其实我自己也不知道怎么就想通了。不过，从那晚以后，我一辈子都在探索这两件事：一是寻找可以消除悲观情绪的解药，二是弄清楚为什么我比别人更容易为之痛苦。

40 年过去了，如今的我终于找到了问题的答案，很大程度上是因为我吸收了无数哲学家和心理学家的智慧，他们也都曾纠结于这些问题——他们提出的重要理论，如果我 14 岁时就能了解，或许我就不会那么难受了。而如今，他们的智慧更是已经成为我每天赖以生存的根基。我们下一章将把更多重心放在心理学研究上，它是我们提出的拯救措施的理论基础。不过这一章，我们将更多关注哲学问题，毕竟哲学家一直都在研究"生命意义"这道难题，分析得似乎头头是道。为了解释人类认知设计的第五个缺陷，我们将引用 5 位大家的观点，看看他们对于生命这道难题有什么见解。当然看法不同，提出的解决方法也不尽相同：

大家	推荐方法：
列夫·托尔斯泰（1828—1910）	宗教
阿尔贝·加缪（1913—1960）	反抗

超越元认知：五大认知缺陷及应对策略

亚瑟·叔本华 (1788—1860)	屈从
佛陀 (约前 500)	放下
维克多·弗兰克尔 (1905—1997)	奋起

我们将从列夫·托尔斯泰开始讲起，他提出的问题跟我的一模一样，不过我要先说清楚，他提出的解决方法我并不认同。

托尔斯泰：宗教

列夫·托尔斯泰是俄国著名小说家，《战争与和平》出版10年后，他陷入了严重的抑郁，他曾在《忏悔录》中写道："关于我的一切，不管是什么，迟早都会被世人遗忘，仿佛我从未存在过一般。既然这样，我为什么还要继续努力？为什么别人看不透这一切？为什么人家还都津津有味地活着？简直不可理喻！"

《忏悔录》讲的就是人类对意义的艰难探索，类似的探索其实无处不在。托尔斯泰以炽热的坦诚告诉读者，他最初以为，面对人生的"愚蠢和荒谬"，唯一理性的反应应该就是自杀，但他做不到——他太"软弱"了，这一点也令他无比"厌恶和痛苦"。同时，更令他不解的是，为什么让他如此纠结的问题许多人却根本不以为然。

那段时间，托尔斯泰终日浑浑噩噩地生活，期待着有一天"会发生什么改变"。最后他终于意识到,他对人生意义的追求完全走错了方向:"理性认识必定会否定人生的意义,绝大多数人都在通过非理性认识坚守着生命的价值,而这种非理性认识就是宗教信仰。"托尔斯泰大张旗鼓地得出这样的结论,他把有限的生命与无限的存在联系在一起:"如果没有死亡,那生命还有什么意义?我们应该把自己交付给无限的上帝,这样才能升入天堂。"(托尔斯泰虽然从小生活在东正教家庭,却无法从东正教上帝那里找到共鸣,最终选择信奉的是一个定义较为模糊的上帝。对他来讲,这个上帝的存在并非真正出于宗教上的信仰,而是为了满足情感上的寄托。)

托尔斯泰得出的结论自然存在争议,对此我们暂且不谈,但有一点我们必须承认,他提出探讨人生意义时不能单纯将其视作一道智力难题,这个观点非常有道理。我也是花了很多年才弄明白这一点:要想了解人生的意义所在,只靠理性思考根本做不到。对于这个问题,每个人的感受都不一样,解决方式也各不相同,本章最后我会给出我的判断,不过我想先提醒一下读者朋友,我的结论可没有托尔斯泰的那般笃定和华彩。

托尔斯泰的见解具有一定的道理:探讨人生意义时,不能简单把它理解为一道智力难题。

我十几岁时,或许在不经意间被托尔斯泰影响了,自从与沃伦这位耶和华见证会的信徒结交后，我第一个想要探索的就是托尔斯泰的结论。但我与托尔斯泰不同，尽管沃伦坚持不懈、苦口婆心地希望我皈依他的信仰（参看第6章），但我始终无法实现这种非理性的信仰转变，还因此陷入了极大的困惑——至少持续了几年时间，直到我大学学习了哲学，尤其是学习了存在主义哲学后，我才慢慢走出困境。

托尔斯泰之后60年，加缪也对人生意义这一问题进行了探讨，还提出了不同的解决方法。

加缪：反抗

法国哲学家阿尔贝·加缪在《西西弗的神话》中写道，我们的意识一直渴望为人生意义找到一个理性的解释，"我们需要与其达成和解，盼望能解决心中的困惑并厘清其中的逻辑"。不过他也坚定地相信，这个世界本来就没有什么永恒的真理或明确的目标（就算真的存在所谓意义和目标，人类也不得而知）。这种心理的渴求和认识上的差距会导致怎样的结果呢？加缪认为，"人类迫切渴望了解真相，世界却执拗地选择沉默，由此荒谬感应运而生"。理性的人类试图理解一个非理性的宇宙，荒谬自然会出现。加缪那篇文章主要探讨了应对这种荒谬感的三种选择，分别为结束生命、信仰上帝和其他办法。

对于第一种自杀的选择，加缪的态度当然也是坚决抵制，他给出的理由是选择自杀就等于放弃了自由意志，放弃了对付空虚的其他选择，自杀实际上是对荒谬的一种屈从。至于信仰上帝这种方法，加缪则认为，人类不能回避生命意义这一问题，所以他不认为虚无缥缈的信仰是有效的解决之道。在他看来，信仰不过是一种虚假的承诺，不亚于"哲学意义上的自杀"；寻求神的帮助去回避这个问题，这与用自杀去解决问题的方式没有本质上的差异。

加缪最终的结论是：面对人类所在的荒谬处境，唯一可行的回应就是不卑不亢、意志坚定地接受它。我们必须勇敢地生活，既不能向荒谬屈服，也不能试图用一种人为的信仰无视它的存在。应对空虚、无意义的人生，唯一合理的回应就是要活得洒脱，要探索各种不同的体验，要把日子过得充实，在此过程中还要保持清醒，记住人生空虚的本质。反抗荒谬意味着接受它、无视它："这种反抗才是抗击命运的必然选择，我们绝对不能逆来顺受。"用反抗的态度应对人生的荒谬，"每一秒都向世界发出新的挑战"。

托尔斯泰和加缪都承认人类凭借理性无法解释非理性的世界，但继而提出的解决办法却截然不同。

加缪提出的办法的确更令人激动，但在反抗的火焰点燃之后，内心的空虚却仍然挥之不去。他的话有一种直觉上的吸引力，很能鼓动人心，但是到了第二天，你会感觉内心依然空虚，没有一点后劲儿。让人努力寻找力量和勇气，却只为体会没有意义的人生，这种办法自然让人无法接受。

托尔斯泰和加缪都承认人类凭借理性无法解释非理性的世界，但继而提出的解决办法却截然不同。为了解决这个问题，似乎很多思想家都实现了从绝望到胜利的转变，但有一个明显的例外——这位哲学家以同样令人沮丧的前提开始了自己对意义的探讨，得出的结论不仅没有让人眼前一亮，反而让人陷入了更大的悲观和无奈。没错，能这么做的除了他还有谁？

叔本华：屈从

亚瑟·叔本华19世纪早期的作品对托尔斯泰产生了深远的影响，后者甚至在《安娜·卡列尼娜》中提到了他的名字。

在叔本华看来，所谓的终极现实就是一股强大无情的力量或能量（他将其称为"意志"），这股力量是一切存在的基础，却没有特定的目的或意义。生活中并没有什么深奥的东西等着我们去发现；驱使我们不断前进并最终走向死亡的是"意志"。他在《论存在之虚无》一文中写道，正是这种力量促使我们不懈地努力和奋斗，让我们深陷其中无法自拔："人类拥有各种各样的需求，无法一一得到满足……而且，即使满足了，也只会让人感到更加无聊，从而造成更大的痛苦。"这样看来，我们每个人都无法摆脱钟摆一样的命运，只能在痛苦和无聊之间来回摇摆。

叔本华认为，在现代社会，大多数人都是在略显亢奋和焦虑与略显倦怠和忧郁之间来回摇摆，我觉得他说得很对，我们大部分时间的确是处在这两种极端状态之下。在他看来，人类生活在一个无神的宇宙，每个人都会被一种无休无止的盲目力量所驱使。对此，叔本华提出了怎样的解决方法呢？

叔本华表示，人类可以分散注意力，暂时忘却空虚的现实，但这种方法的使用范围非常有限：只有沉浸在艺术的世界，我们才能暂时从痛苦中解脱出来。他自然也反对自杀这个选择，他认为自杀是对"意志"的屈从而不是反抗。对我们来说，唯一忠于自我的回应就是抵御"意志"引发的各种冲动，日子过得越简单，我们的痛苦就越小，我们要抵抗欲望，而不是屈服就范。加缪提出要接受无意义的空虚，因为只有这样才能活得勇敢而潇洒；叔本华提出要反抗，但他提出的反抗方式就是屈从于悲惨处境——在如此境遇下，我们唯一的办法就是抑制各种内心的冲动和抱负，因为它们只会加剧我们的痛苦。

大家可能不太容易接受叔本华的世界观，认为它太过讽刺和荒谬，但我们又不得不承认他的分析确实深刻且尖锐。他比弗洛伊德对无意识的阐释早了整整 80 年，他提出人类受到很多我们无法理解的力量的驱使，包括一些我们努力压制的痛苦想法。他当然不是唯一劝诫我们放弃欲望的哲学家，如果你认为叔本华的建议多少有点佛家的意味，那也很正常，他的确很喜欢印度教和佛教，还做过深入的研究。我也对佛教有所涉猎，觉得从某些方面看，佛教的教义其实比叔本华的哲学还要悲观。

佛陀：放下

乔达摩·悉达多的宇宙观受到了他所处时代印度教的很大影响。在他看来，所有尚未开悟的人（包括你、我及其他99.99%的大多数）注定要经历无穷无尽的痛苦轮回，而且还不一定每次都以人的状态重生。相较之下，叔本华的观点反倒能给我们一些安慰，毕竟按照他的观点，所有痛苦至少可以随着死亡的到来而终结。

> **叔本华的哲学观点确实令人压抑，**
> **但与之相比，佛陀的基本认识更是让人沮丧：**
> **死亡甚至都不是终结，我们还要经历无尽的轮回。**

不过我们得把话说明白，佛陀的观点从长远角度来看还是乐观的：人类不仅有机会消除此生的焦虑，避免在来生遭受更多的苦难。焦虑源于欲望：人类总是觊觎当下没有的东西，这就是我们痛苦的根源。正确的做法是思考当下体验——只有不断变化的想法和感受才是真正的现实——也只有这样，我们才能将自己从欲望和牵绊中彻底解脱出来。生命意义这个问题本身就十分荒谬，一旦我们看清现实的本质——人类不过是不断变化的整体世界的组成部分——那所有关于意义的问题就会随之消失。当我们意识到人类痛苦的根源是以为欲望可以得到满足的错觉，留给我们的就只剩下对当下的体验了，其他觊觎都因此而变得不再重要。想通了这一点，我们便可以从渴望中解脱出来，也可以为涅槃重生打下基础，并引发无尽苦难的火苗彻底熄灭。

佛陀的确从印度教的宇宙观中继承了一些神秘元素，抛开这些不谈，我们先来看看他对生命意义的看法。在他看来，人活着唯一的意义就是当下的体验，他的这一见解倒是能让人感到些许安慰。不过，他的哲学中也有非常严酷的内容，例如，放弃各种各样的目标和欲望真的对我们有好处吗？佛祖认为，努力是解决痛苦的秘方，而抱负和快乐不过是我们对现实的误解，真正重要的只有当下的感受。对于佛陀的这个观点，我一直不敢苟同。

奥地利精神病学家、大屠杀幸存者维克多·弗兰克尔的观点与佛陀的认识形成了鲜明对比，他坚定地认为，充实的人生永远离不开寻求意义的焦灼。佛陀试图让我们摆脱这种焦虑，而弗兰克尔却鼓励大家承受这种紧张感，甚至主动去追求，只有这样，才能找到个人存在的意义。

佛陀要我们放弃渴望，
弗兰克尔却坚持要我们主动追求奋斗带来的紧张感。

如果你也读过弗兰克尔的作品，特别是他的那部经典的《活出生命的意义》，你大概也会被他关于人类处境的看法所打动，但请让我先表明自己的态度，我对他的观点其实并不认同。

弗兰克尔：奋起

弗兰克尔理论的出发点其实我们都很熟悉，他也认为任何形式的非个人的终极意义都超出了人类的理解范畴。不过，他后续提出的理论完全偏离了前几位思想家的观点。弗兰克尔认为，所谓生命的意义都是个人化的理解，即每个人的意义只能由自己定义，正是因为追求有意义的事情，生活才不再让我们觉得空虚和无奈。那究竟什么才是有意义的事情呢？就是做特定情境下最适合的事，即对每个独特的困境做出正确的反应。但我们又如何判断自己的反应是否正确呢？答案是我们没办法知道。然而，不管遇到什么问题，只要我们能尽量做到最好，那当下的努力就是有意义的行为。"我们不应一味追问所谓生命的意义，相反，却应该想象自己每时每刻都在解决生活提出的问题。"他认为，人类必须承担责任，"完成'生命'交给每个人的任务。"我们之前说过，佛陀希望每个人都能放弃世俗的野心，弗兰克尔与佛陀不同，他认为世俗的目标并不是坏事，它能给个人的生活注入意义，努力奋斗可以削弱我们时常感慨的空虚和无奈。一定程度的焦虑是我们为自己设定挑战所必须付出的代价，这是一种健康的紧张，源于我们设定的目标，而这些目标正是我们坚持下去的动力。

我第一次读到弗兰克尔时，他思想中隐含的神学色彩让我多少有些反感。他与托尔斯泰很像，也相信超脱一切的"超级意义"，认为人类要想实现这种意义，唯一的渠道就是信奉宗教。他提出的理论经常会包含一些晦涩难懂的宗教观点，在他看来，生命中不管遇到什么挑战，答案只有一个，而我们的责任就是去寻找这个答案。对我个人而言，他的这种说法太过刻板，也太过神秘，恕我实在无法接受，不过他对生命个体独特性的强调我却十分认同：既然人与人不一样，对于生命意义的回答自然也不可能一以贯之。抛开他理论中神学色彩，我们不得不承认他的观点十分深刻，他认为，"生命的根本就在于主动承担责任，寻找解决问题的方法，完成生命为每个个体设定的目标"。加缪鼓励我们勇敢接受存在主义的绝望，而弗兰克尔给出的办法则更加具体，也更加实际——从遇到的每一个挑战中找寻所谓的意义。

弗兰克尔的作品之所以打动我还有另一个原因：他把大多数思想家混为一谈的两种不同意义做了明确的区分：一个是非理性的先验的"超级意义"，另一个是可以从日常生活获得的个人意义。前一种意义涉及的是人类总体的状况，与个人无关，都是一些深奥的问题，比如人类为什么存在，我们存在的意义是什么；后一种意义指的是我们追求个人目标时所能体会到的价值。区分先验意义和个人意义非常重要：如何解读普遍意义的生命与如何在个人生命中找到意义是截然不同的两件事。两种意义也可能相互重叠：例如许多宗教人士从信仰中就可以同时实现这两种意义，但我们更要认识到二者不一定非要重叠在一起，它们根本就不是一码事，如果将其混为一谈，就会让意义变得更加难以捉摸；事实也是如此，第一种意义根本无法用人的理性解决，但第二种意义却可以找到有效出路。

要想走出意义的困境，我们首先要搞清楚自己面对的意义属于哪一种，不同的意义，解决的途径也会截然不同。大脑的初始设定决定了我们会习惯性地思考所谓先验的意义，而那恰恰是我们不该深究的问题。

特征变成缺陷：对意义的解读沦为错误的追求

托尔斯泰在《忏悔录》中说得没错，我们根本不可能给毫无意义的人生找到理性的解释，"要想找到答案，得先换个问法"。他的这一建议我十分认同，不过我认为他接下来的思路出现了偏差——他竟然说，"要想解决这一疑惑，必须求助上帝"。他提出要改变提问的方式（这一点十分正确），但他提出的新方式是借助某种无限的力量（这可就惊到我了）。他的提议或许适合那些信奉上帝的宗教人士，但对无神论者却完全没有说服力。托尔斯泰没能像弗兰克尔那样对两种不同的意义（先验的意义和个人的意义）进行区分，因此即使他提出了解决办法（针对的只有先验意义），其适用性也极为有限。

如果我们一味地探索先验意义，最终的结果只有两个，要么得出纯粹非理性且神秘的答案（上帝、灵魂、存在、统一、完整、道，等等），要么——如果你是无神论者——就是让你走进死胡同。这也就是说，如果你理性的大脑非要寻找先验的意义，而你又无法实现托尔斯泰提出的信仰跨越，那你除了被逼疯的确无路可走了。伏尔泰的小说《老实人》中的老实人就在心里琢磨过："世界的存在有何意义？"马丁的回答是，"就是为了把我们逼疯"。如果你觉得这种说法太过刻薄，我们也可以看看加缪在《西西弗的神话》中的一段话，他说："生命的荒谬之处就在于清醒的头脑会认识到自身的局限。"心理学家威廉·詹姆斯的说法可能更加生动一些，他认为，"我们对宇宙的认识，或许与狗和猫对图书馆的认识没什么区别，狗和猫也能看到图书馆里的各种书籍，也能听到人与人之间的对话，但对其中蕴含的意义却一无所知"。或许你还记得我们在第6章中提到的"神秘主义"（克里希那穆尔提在寓言中讲到，魔鬼看到人类试图解开现实的谜团时，内心感到无比欢欣雀跃）。读懂先验意义对于人类来说太难了，我们目前有限的认知能力还无法帮助我们透彻理解其中的真谛（或许永远也做不到）。这倒让我想起了上帝训诫约伯的话，上帝说约伯不该自以为是地认定自己有能力解释不可知的奥秘。人类的认知确实存在很大的局限，但这也并不意味着世间一定存在某种宏大的意义，只是我们的小脑袋还没有能力理解。约伯和上帝的讨论似乎假定了世间存在某种人类无法理解的意义，只要我们的大脑足够强大，就可以解决其中的困惑（换到詹姆斯提到的图书馆里的猫和狗身上，这种解释无异于是在说，只要它们的脑容量足够大，或许就能理解图书馆存在的意义）。事实上，人类的局限只是告诉了我们一件事，即我们之所以对事物的意义有着执拗的追求，是因为我们那些旨在提高生存能力的大脑设计已经沦落成了设计缺陷。还记得我们第3章中重点提到的人类的定数执念吗？对于无法理解的事情，我们也抱有同样的奢望，希望都能搞明白。之所以无果而终，倒不是因为大脑缺失了某种神经元，而是因为我们对意义的理解方向出现了错误。

之所以说我们企图理解宇宙意义是一种奢望，不是因为大脑的运载能力不足，而是因为我们对意义的理解出现了偏差。

这种错误就是哲学家口中的"归类错误"——把宇宙的奥秘当成了自己可以解开的猜字游戏。奥地利哲学家路德维希·维特根斯坦（Ludwig Wittgenstein）也说过，语言很有欺骗性，以它为依托提出的很多问题看似可以理解，但其本质却没有任何意义。同一词汇在不同语境中，意思可能完全不同。如果我们在一个完全不同的语境下使用了一个超出某词原本用法的表达（即破坏了"语言的游戏"规则），语言就会给我们带来无尽的麻烦。如果我们提出的是一个关于先验意义的问题，比如"生命的意义是什么？"我们则更容易被语言所蒙蔽，"意义"与"存在"根本就不是同一个范畴的语汇；也就是说，想用意义解释宇宙中的生命根本就不现实。如果改变一下提问的方式，你或许能更明显地看出其中的错误："定义宇宙的量子力学波函数有何存在的意义？这一切意味着什么？"这个问题听起来似乎很明白——嘴巴发出声音在耳朵里面碰撞，每个字都知道是什么意思，但其根本问题出在题目本身。不仅如此，提出问题的大脑也不够完美，高估了自己的设计功能。人类步入 21 世纪以后，宗教和社会团体的影响力不断衰败（取而代之的是 Facebook、Instagram 和 Twitter 等应用），很多人迫切想要寻找到所谓的意义，这我们都能理解，但无论如何在寻找意义时我们都应该找对方向，否则结果只能是本末倒置、南辕北辙。

"这一切有什么意义？"这个问题本身就存在缺陷，
提出这个问题的大脑也不完美，高估了自己的设计功能。

为了弥补这一认知缺陷，我们需要将先验意义与个人意义严格区分开来。我们做人的目的是探索后者，个人意义才是我们应该解决的问题，也才是我们应该提出的问题。我们回顾一下托尔斯泰转向形而上学之前所提出的观点，他当时说得没错，我们的确可以换个提问的思路。当代心理学家一直想重新定义这个问题，找出一种更实际的提问方式，这种新的方式应该既不会要求我们投奔神学，也不会超出智力的极限而把我们逼进死胡同。

超越元认知：五大认知缺陷及应对策略

做出改变：从哲学转向心理学

回想当初，学习法语时我之所以感到困惑，主要是因为周围的人似乎并没有跟我一样感受到人生的绝望和无奈。这种痛苦难道仅仅是我个人的感受吗？还是所有人都对人生意义抱有同样的渴望？研究显示，因为找寻不到人生的意义，每个人感受到的痛苦程度完全不同，有些人的痛苦非常强烈，而有些人似乎对所谓意义并没有太大的需求。相当一部分人（调查样本的35%）认为自己的生活没有多大意义，但并不会因此感到沮丧，对自己的生活依旧比较满意。总结下来我们发现，所谓意义，对一些人来说非常重要，是他们必不可少的需求；另一些人信奉了上帝，因而感到无比的充实；剩下的人则根本不会为这个问题感到丝毫困扰。

我们本章所提到的所有哲学家都对生命意义十分看重，每个人都对这个话题有着自己深刻的见解。把他们的观点加在一起，就可以找到解决我们认知缺陷的办法，从而摆脱过度解读生命意义给我们造成的困扰。总而言之，我们必须充分认识到它并非一道智力难题，而是一种心理挑战。

第 11 章 | 认知缺陷五：人生本末倒置

托尔斯泰： 关于生命意义的这道题目无法用理智的方式找到答案

加缪： 由于人类存在认知缺陷,面对人生我们需要勇敢抗争

叔本华： 无意义的空虚是人生的常态,所谓的缓解也只是内心暂时的感觉

佛陀： 只有认真感受当下,才能体会到生命的意义

弗兰克尔： 个人意义源自坚持不懈的奋斗

生命的意义是心理学永远的难题,要想找到答案,必须采用具体策略。

　　我们需要重新定义意义,认识到它不过是一种特定的精神状态。对于所谓的先验意义,我们可以暂时不做考虑,因为"生命意义"这个问题根本找不到(非宗教信仰的)普遍可行的解决方案。那我们该以什么方式提出这个问题呢？我们可以从一个新的假设开始,即意义并非一道智力谜题,而是一种内心感受。这也就是说,意义不是答案,而是一种心理状态,是一种情感体验,有助于提升人类的幸福感。这样分析下来,这个问题我们完全可以换一种问法,以后我们不要再问"生命的意义是什么？"相反,我们应该问"如何才能获得充实的感受？"

意义并非一道智力谜题,而是一种内心的感受。
我们该问的不是"是什么",而是"如何"。

我们下一章将集中回答"如何"这个问题,在此我们先来看看什么是"充实感"?有意义的充实感究竟是怎样一种感受?

有意义的充实感是一种积极而幸福的状态,只要认真投入生活的方方面面,我们就能获得这种感受。这是一种全情投入、全神贯注、心满意足的感觉,甚至是一种自我了悟的极致快感,不同于我们之前所认为的快乐。至于充实与幸福之间的区别,这个问题可以一直追溯到古希腊哲学家提出的理论,尤其是亚里士多德,他曾经说过,愉悦感(hedonia)的级别低于富足和幸福感(eudaimonia)。当今的心理学文献仍然广泛使用这两个希腊术语来描述这两种不同的感受。大快朵颐带给你的美好感受与抚养儿女带给你的幸福感截然不同;看情景喜剧被逗笑与为获得学位付出努力以及为掌握高尔夫挥杆要领而训练是完全不一样的情感体验。享乐带来的愉悦与有意义的充实感根本不能同日而语。

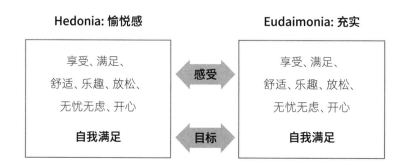

愉悦与充实的主要区别在于后者的直接感受很可能并不快乐：学习演奏乐器、调解一场冲突或选择创业，这其中的每件事做起来都可能令人沮丧和焦虑。面对艰难的挑战，如果我们经过持久的努力最终取得了进步，就会感觉付出有了回报：所谓充实就是这样一种积极的心态，当然有时也会伴随内心的不安。要想获得充实感，可以采取相应的策略，这些办法都不是为了获得短期的快感，而是为了长远的意义。当然，前者与后者并不相互排斥，二者之间或许还有重叠的部分。我们已经说过，有意义的充实与简单的愉悦不同，但两者也并非水火不容。

充实感的对立面不是冷漠感，而是空虚感。空虚的感觉非常可怕，仿佛我们凌驾于生活之上，低头审视却发现自己完全不知道活着的意义。我学习法语时就是这种感觉，学法语没有意义，但又不知道做什么会比它充实。海德格尔在他的《存在与时间》中巧妙地将空虚感描述为一种"拘谨"的感觉，是一种脱离了熟悉的生活及人际关系所产生的错位感。如果我们对所在的环境比较熟悉，那做起事情和与人交往起来都会感觉比较放心，也因此会生活得相对游刃有余。但即便如此，我们也会突然感受到海德格尔所说的"虚无"：日常的生活会让我们感到陌生、无聊或迷茫；找不到存在的意义，会让我们感觉自己不过是世间的"浮萍"；看不到生活的希望，内心便会彻底失去支撑。文首加缪的话说得十分清楚，当我们感觉自己与这个世界格格不入时，就会感到痛苦。好在，这种空虚感完全可以避免，只要我们找到正确的手段，就可以感受到生命的意义。

当代心理学家提出了一些能够帮助我们获得充实感的有效手段，要想让它们发挥作用当然还是要借助"间隔时空"，因为它们都属于第二系统的认知策略。如果我们把注意力放在发展个人意义上，就会找到相应的解决方法，而且数量趋于无限。这样看来，托尔斯泰试图用"无限"来消除人类对意义的纠结，似乎也不那么离谱了。只不过他借助的无限力量是上帝，而不是我们提出的是无限数量的解决办法。

> **关于人类：**
> 人类天生就会寻找生命的意义
> （一闲下来，就会没事找事）。

> **关于现实：**
> 宇宙本身并不会提供我们期望得到的答案。

第 12 章
补救措施五：追求真实意义

如果我们做的事情本身有意义，便不再会过多纠结于所谓生命的意义。

——欧文·亚隆（Irvin Yalom）

投入是防治空虚感的唯一解药。

如果我还是那个纠结于人生空虚的少年，看到美国知名精神病学家欧文·亚隆上面的话一定会嗤之以鼻。然而，随着年纪的增长，我渐渐明白了其中的道理，说简单点就是：只要我们做的事情有意义，就会感觉到充实。如果我们不再质疑人生的目的和价值，而是专注于生活本身，那就说明我们做的事及交往的人对我们来说很重要，这也正是为什么欧文·亚隆所说的要想解决空虚的问题，最好的办法就是投入"日复一日的点滴生活中"。一旦开始投入地生活，我们便不会再沉溺于消极的宇宙观，也不会再去纠结自己不过是世间蝼蚁的事实。欧文·亚隆曾经说过，"投入虽然不能从逻辑上反驳庞大宇宙给我们提出的致命问题，却可以把问题变得不再重要"。我觉得他这句话说得非常精辟，投入确实可以消解我们对意义的困惑。维特根斯坦曾经写过这样一段话，第一次读或许会令你感觉有点含糊其词，但仔细体会你就会发现其中的道理。他是这样写的："所有关于生命的问题都会随着问题本身的消失而迎刃而解。"如果我们投入地做一件具体的事，特别是当我们沉浸于连续的变化中全神贯注地用心体会时，我们内心的空虚感就会消失。这种投入被心理学家罗伯特·怀特（Robert White）称为"效力"，即当我们与世界的互动可以做到游刃有余、行之有效时，内心所产生的力量感。

欧文·亚隆认为，每个人都有投入生活的意愿，而心理治疗师给病人治疗的一个重要目的就是消除实现这种投入时所遇到的障碍。欧文·亚隆和加缪都对生活充满了热情，也都追求最大限度的自由和炽热，但欧文·亚隆的目标是消除人生的无奈与空虚，而加缪则坚持让我们对人生的空虚保持清醒的认识。加缪的想法颇有点浪漫英雄主义的味道，但对大多数人来说，沉迷于人类虚妄的存在这件事只会给我们造成更大的心理负担，非常刻意不说，关键是对我们一点好处也没有。所以，大多数人更愿意选择欧文·亚隆的做法——努力把自己从空虚中解脱出来。要想做到这一点，我们有两条路可以走，虽然路径不同，却可以殊途同归。

首先，我们可以听从佛陀和叔本华的建议，放弃世俗的欲望和野心，缩小理想与现实的差距。其次，我们可以听从欧文·亚隆的意见，采取截然相反的办法，让自己全身心投入吸引我们的具体事情中去。

对大多数人来说，投入的办法似乎更可行，毕竟第一种建议操作起来难度实在太大。按照佛陀的理解，放下的心态源自一种特殊而神秘的世界观。这样分析下来，自然还是基于维克托·弗兰克尔的观点衍生出来的欧文·亚隆的方法更加具有实操性。

全情投入

伏尔泰《老实人》里的主人公曾经周游过世界，目睹了很多可怕的场面和刻骨铭心的悲剧，他小说的最后一句话常被人拿来引用，他说："我们还是好好打理自己的花园吧。"故事的主人公和他的随从走遍了万水千山，最后终于找到了人生的真谛——原来，像农民那样专注、坚强地生活才是最好的生活方式。不要胡思乱想，不要反思人生，这样才能摆脱"或痛苦纠结或无聊疲惫"的无奈心态。在悲观的马丁·海德格尔看来，人生就是如此，"或痛苦纠结或无聊疲惫"，不过他也认同老实人的办法，还提出了类似的建议："咱们还是好好干活吧，不要想得太多，这样日子才能好过一些。"如果我们能全情投入地打理自家花园，（按照维特根斯坦的说法）那我们对人生的困惑就会消失不见。

投入是解决虚无感的最佳办法。但是话说回来，即使你已经按照欧文·亚隆的办法行事，也不能保证随时都能获得满满的充实感，万全之策就是抓住所有可能的机会，尽量让内心充盈起来。

全情投入虽然有用，但也无法保证屡试不爽
——万全之策是抓住所有可能的机会，
尽量让内心充盈起来。

既然已经认识到所谓意义不过是一种心理感受，那我们该如何打造这种心态，如何创造机会让自己获得充实感呢？又或者，怎样做才算真正意义上的全情投入呢？

答案当然还是离不开间隔时空，只有进入间隔时空我们才能激活第二系统，才能让"观察自我"带领我们打破第一系统的局限。要想做到全情投入，我们需要借助以下两个工具。

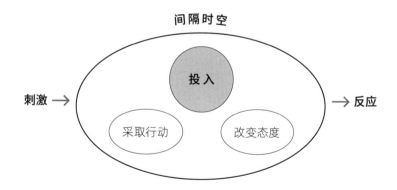

美国心理治疗师埃里克·迈瑟尔（Eric Maisel）说过，我们要寻找"各种可能的机会充实自我"，只有这样，才不会因为选择单一而感到局促不安。他建议我们在日常生活中多安排一些能让自己感到充实的活动，减少那些只会让人倦怠甚至抑郁的"毫无意义的替代品"，比如看太久电视，酗酒、暴饮暴食等。他给出了两个最基本的方法，分别是从行动和态度上做出的改变。

手段一：行动——选择该做什么事

在迈瑟尔看来，做人的一项主要任务就是成为创造意义的专家，要想创造意义，首要的方法就是采取行动。我们之所以觉得生活毫无意义，是因为"通往意义的大门被关上了。然而，这道大门并没有上锁，只要我们行动起来，就能把门打开"。也就是说，只要我们行动起来，就可以消解空虚感。至于说哪些活动最能帮助我们创造意义，即哪些活动最容易让我们感到充实，具体答案往往因人而异：我热衷的事，你可能觉得特别无趣，所以我们的任务是搞清楚自己的喜好。

心理学家亚伯拉罕·马斯洛（Abraham Maslow）一直提倡"自我实现"，具体指的就是实现个体潜能、实现自我表达。他从弗兰克尔（还有再之前的荣格）那里得到了灵感，提出每个人都是独一无二的个体，都有自己的成长路线，而所谓成长，就是一辈子追求"理想自我"的过程：成为最好的艺术家、最好的父母、最好的老师、最好的木匠，或其他任何一个最好的自我。而所谓的充实感就源于那些能够帮助我们实现"理想自我"的活动；至于怎样的自我才算"理想自我"，答案又要因人而异了。

读到这里，我想大家已经发现我是一个对所谓意义有着极高追求的人，换句话说，我非常渴望充实感，特别容易感到空虚无聊。因此，我非常赞同迈瑟尔的观点，每天晚上都会为第二天计划一些有意义的事情。当然，我们无法保证一天下来每个时刻都能无比充实，但如果安排几件可以让我们全情投入的事情，空虚感就不太容易冒出来折磨我们。万一哪一天我觉得确实没什么可以让我感到充实的事情，我也不会让自己闲下来：我会安排一个小时的绘画或写作，或者约上朋友出去吃顿饭，或者去参观一家画廊，哪怕只是去个没去过的地方散散步也好。计划自然有用，但也不是唯一的办法。除了做计划，我们还应留神体会，如果有让我们感到充实的机会出现，一定要及时牢牢抓住。

为什么这样说呢？因为很多事情都无法事先计划。例如，我没办法计划在食杂店帮助一位老人挑选香蕉，但当我留意到他的纠结时，我可以挺身而出，抓住这个机会与人建立联系，哪怕只是暂时的联系也能让我感到十分充实。只要有积极的心态，我们随时都能发现这些让人感到充实的小事。当然，要想感到充实不一定非要助人为乐，每个人都是与众不同的个体，对所谓好事的定义也不尽相同。心理学家斯科特·巴里·考夫曼（Scott Barry Kaufman）就说过："生活的方式多种多样，我们不必千篇一律地活着。"许多事情，虽然不是助人为乐，但也可能很有意义，因此也会让我们感到充实，比如做一顿精致的饭菜、上一节绘画课，或读一本精彩的书。

总结下来我们就会发现，想要做到投入，可以有两个方法：一是提前计划做充实的事，二是留意机会并采取行动。当然，行动只是创造意义的一个办法，还有一种方法也非常有效，而且一直隐藏在大脑中等待我们去开发。如果你想找到人生的意义，这第二种方法绝对是一个巨大的宝藏，你要做的就是改变自己的态度——用一种特定的方式看待生活。

手段二：态度——选择该用什么心态

态度选择是人类最宝贵的自由，这种自由正是存在主义哲学的核心所在，萨特所坚持的"存在先于本质"就是对这种自由最完美的解释。在萨特看来，人类出生时并未受到本质的约束，因而可以自由选择自己想要的存在方式。

我们可以选择在排长队时保持平和的心态，选择在朋友需要帮助时耐心地倾听，选择对阳光明媚的天气报以感激之情。面对不好的事情，我们可以选择宽容和慷慨，不让自己陷入怨恨或小气的情绪。我们在第 8 章说过，消除负面想法和感受时要做"该做的事"。当然，每个人对所谓"该做的事"可能有不同的定义，这没关系，只要你做了自己认为正确的事就可以。主动选择之所以会让我们感觉充实，是因为我们启动了第二系统，推翻了第一系统的初始设定。漫长的排队体验或爱人的冷言冷语都可以成为我们创造意义的时机，我们可以练习新的应对方式（我们第 8 章提到过"想象机会眷顾"的手段，一天中这样的机会随时可能出现）。不同的人对什么是有意义的活动有着不同的理解，应对的态度也因价值观和人生目标的不同而各不相同。我们之前已经说过很多次，第一系统对"新的应对方式"或"从当下寻找意义"这件事完全提不起兴趣，所以我们必须做出调整，用简短的入定冥想启动第二系统（详见第 8 章）。我们可以专注于自己的呼吸，吸气、呼气，几组之后就能进入间隔时空，从而调动出观察自我，它可以帮助我们转变态度，做出有意义的选择。

要想过得有意义，只需转变态度即可。这么简单的道理，很多人却不以为然，甚至不知道它一直在间隔时空默默守候着我们。其他动物天生就具备这种能力，它们的大脑没人类的复杂，也因此不必像我们一样有那么多的心理负担。叔本华在描述其他动物时一直强调说："与我们相比，动物表现出来的才是真正的智慧——它们可以平静地享受当下。"可惜的是，叔本华并没有由此得出积极的结论，但我们不必像他那么消极，我们可以参考动物与人类的区别，从动物身上学习对我们有利的经验。虽然人类复杂的认知系统常常给我们造成困扰，但它也赋予了我们一定的自由，让我们可以操控自己的注意力，这一点其他动物都做不到。我们可以把注意力放到自己想要关注的事情上，只要我们走进间隔时空，观察自我就可以效仿其他动物的原始设置，把我们带入"平静享受当下"的模式。不管什么时候，只要我们把注意力放在当下，我们就是在做有意义的事情，例如注意观察明快的色彩、复杂的纹理，聆听周遭不断变化的嘈杂之声，体会口腔内食物丰富的味道，感受散步时脚下的微妙体验——神奇的大千世界就是充实感的最佳来源。

这种寻找意义的方式属于内观冥想的延伸（详见第 8 章），可以帮助我们了解自己的直观感受，从而对自己的负面情绪加以审视。不仅如此，我们还可以使用这种方法体会周围一切的美好，真正做到享受当下。这也就是说，我们每时每刻都可以沉思周遭的"意义"，这种心态和意识具有非常强大的力量，但是，由于第一系统不可能自发启动这样的意识，所以这种态度一直没有得到充分的利用。好在我们还有间隔时空，只要走进去，第二系统的观察自我就会帮助我们完全沉浸在当下，用开放的心态体会当下发生的所有事情。过去和未来不过是人类的心理现象，只有当下才是真实的存在。然而，认识到这一点并不容易，只有第二系统才能做到，也只有第二系统可以选择与当下建立怎样一种关系。当无意义的空虚感（伴随着焦虑、急躁、忧郁或任何其他负面情绪）袭来时，我们完全可以选择关注当下，并从中获得巨大的帮助。当负面情绪产生并久久挥之不去时，我们也可以行使权力，把注意力转移到其他地方——包括丰富的内心感受、当下正在做的事情、完全放松的状态等。总而言之，我们应该在当下寻找意义，从而即刻获得充实感。

只要我们走进"间隔时空"并启动"观察自我"，就可以把注意力放在当下，从而找到意义，获得充实感。

我真希望自己年轻时就能懂得体会当下的力量。事实上，做到这一点并不难，只要把注意力放在当下发生的事情上就可以。但是话说回来，单纯凭借本能，我们很难走出繁忙的日常，自然也没办法欣赏周遭的一切。我们的大脑似乎总喜欢胡思乱想，就是不愿意关注当下。好在，只要我们定期做一点简单的训练，就可以随时跳脱出来，让这种抽离成为一种日常的习惯。这一点我非常清楚，因为我本人亲身经历了这样的改变。我以前从来不懂得体会当下，而如今，我每天都会跳脱出来好几次，用体会当下的办法消解内心的空虚。如果人类能最大限度地做到体会当下，就可以控制心态、发挥自由、感受参与其中的力量，从而寻找到活着的意义——哪怕周遭的环境再平常，哪怕从事的事情再无聊，只要认真体会，都会获得充实的感受。作家斯蒂芬·巴切勒（Stephen Batchelor）算是一位佛教的俗家弟子，在他看来，人类在"日常生活的世俗杂乱"中寻找意义的做法跟鱼儿寻找水的行为一样自然。意义始终陪伴在我们身边，只可惜我们对它一直视而不见。我们必须清醒地认识到每个人都遨游在意义的海洋里，而巴切勒刚好一针见血地指出了转变态度的重要性,他说:"真正的潜修不是超脱于这个世界,而是要沉浸其中。这个世界一点也不普通,每一根小草、每一道阳光、每一片落叶,都是伟大而神奇的存在。"

我们总以为只有那些计划好的大事才有意义,才能让人生活得有价值——规划好的事情确实像是人生这幅静物画中最亮眼的桃子,但也别忘了,迈瑟尔曾经说过,我们即使是在"为了桃子而活",也仍然可以让其他没那么有趣的部分鲜活起来,也可以从它们身上找寻到意义。他介绍了毕加索的绘画哲学——按照毕加索的说法,他绘画时,内心包罗万象:即使在画一颗桃子,桃子以外的部分也会得到他同样的关注和重视。在迈瑟尔看来,不论是有意义的事物还是无意义的事物,在我们的生活中都占有同等重要的地位,桃子之所以存在,离不开周围空白部分的对比和衬托。有意义的部分不会因为无意义部分的存在而被消解;相反,正是因为后者的存在,前者才会更加凸显。有意义的一天自然包含了有意义的事情,但剩下的时光也同样重要,这一点很像拍照或绘画,背景的衬托对于前景来说至关重要,是二者的结合共同成就了精心设计的美好生活。

迈瑟尔用桃子静物画对人生所做的类比非常精辟,但事情总是说起来容易做起来难,现实中,我们很难做到宁静地欣赏并体会桃子以外的部分。我们当然可以从桃子以外的时刻寻找生命的意义,但也必须明白不是所有时刻都是美好时刻,有些时刻的确令人无法忍受,甚至可以说日常生活中充满了沮丧和失望,无意义的空虚感可能随时来袭,背景很可能抢占前景的风头,扰乱我们的心境。加缪曾非常尖锐地说过:"在任何一个街角,人生的无奈和荒唐都会给人当头一棒。"科学作家杰西·白令(Jesse Bering)对所谓幸福的分析也十分到位,他的话很有叔本华的腔调,他说:"所谓幸福,指的并不是一种永久的状态,而是无数个稍纵即逝的轻松时刻。"

要想寻找意义、获得充实感,除了采取行动和改变态度,我们还要积极应对动不动就冒出来的空虚感。

无视空虚,蒙混过关

要想应对无意义的空虚感,一个简单的办法就是对其漠然置之。托尔斯泰在借助宗教信仰解决自己的人生困惑之前,曾经尝试过这种办法,只可惜没能成功。他说过:"一旦发现真相,我很难做到视而不见。"他已经尽了最大努力,一路跌跌撞撞,期待着"会有什么改变"。爱尔兰作家塞缪尔·贝克特(Samuel Beckett)在他的戏剧《等待戈多》中对托尔斯泰这种"跌跌撞撞"做了很好的演绎。剧中,一个人物非常坚定地表示:"我真的坚持不下去了。"他的同事听后立即反驳道:"不,你能,你只是以为自己不能罢了。"之后,贝克特在他的小说《无名者》中再次提到这一观点,并将"我坚持不下去了,但我会继续坚持"这句话作为整部作品的最后点睛之笔。对于等待意义出现这件事，贝克特并没有给出解决的办法，他只是通过观察发现其实我们还可以坚持下去，即使没有意义也能继续坚持活下去，因为除此之外，我们别无选择。尼采也意识到了这种现象，而且用他简洁却富有诗意的独特方式描述道："每个人都会有困惑的时候，也都会问自己这样一个问题：'明明已经感觉活不下去了，为什么还能继续坚持？'"

我们虽然提倡对空虚感漠然置之，但那种无意义的感觉真的很难忽视，可以说，它是人世间最难以下咽的苦药（在此，我们不妨把它形容为《黑客帝国》中隐喻了现实世界的"红色药丸"）。对我们这些不信上帝的人来说，我们没有普世的先验意义可以依托，因此常会陷入一种不太明智的心理状态，总以为自己被整个宇宙抛弃了。人类天生就渴望找到让人心里踏实的先验意义。荣格曾经说过，"从具备分辨力的那一刻开始，人类存在的唯一目的就变成了在黑暗的境遇中寻找意义的光明"。我们并非生来就能摆脱存在的焦虑，人类愚笨的头脑每时每刻都在游荡、旋转和思考，总想找到人生的目的，希望自己做的事情有一定的价值，希望自己的内心可以不再浮躁。

不过话说回来，即使我们采取了行动、改变了态度，也无法彻底消除内心的空虚，好在我们有最后一道防线：每次内心感到荒芜，我们都可以走进"间隔时空"，冷静地看待无意义的现实，承认它是我们不可分割的一部分，但也要意识到它总是来也匆匆、去也匆匆，并不会无限期地延续。对于人类这种特殊动物，应对空虚感已经成了我们必须面对的课题，原因就在于我们的大脑太过发达，总想知道自己在宇宙中的地位，却又没办法找到答案。

走进"间隔时空"，我们就可以忍受无意义的空虚感，
因为我们明白它是我们不可分割的一部分，
它来也匆匆、去也匆匆，不可能无限期地延续下去。

还记得我们在第 4 章提到过的亚伯拉罕·卡普兰吗？他对问题和困境做了明确的区分：问题可以解决，困境只能应对。所谓困境，就是一种永久的困难境地，或有起有伏，但无法真正解决——或许可以缓解，但无法永久根除。我们对意义的追求也是如此，充实是一种心理状态，跟任何其他感觉一样，来也匆匆、去也匆匆，不可能永久地延续下去（参考第 8 章）。生活本身既不充实也非虚无——生活就是生活，有没有意义都是我们的心理感受。当然，我们投入得越多，就越会觉得有意义，所以这也就是为什么我们要多做那些能让我们全情投入的事，更好地培养能让我们内心充盈的心态，从而减少空虚感出现的频率和强度。不过，我还是想再强调一遍，我们永远不可能根除空虚的感觉，所以要学会忍耐，这与我们必须容忍许多负面情绪是同样的道理。我们在第 8 章已经说过，如果无法彻底消除无意义的空虚感，就要学会顺其自然，不要反应过度，更不要引发"第二箭"对自己造成二次伤害。人类有些痛苦本就无法回避，我们能做的就是接受和容忍。

寻找充实的意义很难，容忍无意义的虚无也不容易，二者是我们作为人类永恒的课题。卡尔·罗杰斯（Carl Rogers）说过："所谓美好生活，其实是一个追求的过程，而不是一种永恒的状态。"回首年少的青葱岁月，我也曾因生命的虚枉而痛苦过，所以非常认同荣格提出的一个观点，他说："生命中那些最为重要的问题……根本无法得到解决，只会随着我们心智的成长而慢慢消失。"当然，我还不能说自己的心智已经足够强大，很多重要的问题——包括生命的意义——在我这里还没有消失不见，但是随着年龄的增长，我已经学会接受现实：既然这些问题无法解决，那就随它去吧。我想这也是荣格想要表达的意思。

每天都要提醒自己：
我要为今天计划一些有意义的事情。

感到强烈的负面情绪时，请问自己：
此时此刻，做什么事能让我全情投入？

结 语
初来乍到，精进不休

人类在自然界中属于一种特别的存在；既脱离了自然，又无法与其彻底割裂；我们是神性与兽性的结合，也是无限和有限的共存。

——埃里希·弗洛姆（Erich Fromm）

走出困境需要精心部署。

大约600万年前，原始人跌跌撞撞地走在非洲丛林漫长的进化之路上，前面突然出现一个岔路口，像极了罗伯特·弗罗斯特（Robert Frost）在他那首经典的《未选择的路》中所描述的场景：

> 树林里分出两条路，而我——
> 选了人迹罕至的那条，
> 从此一切改变了模样。

在那个重要的历史时刻，人类选择了一条无人走过的路，从此一切发生了改变。

那时候，人类祖先的大脑与猿猴的大脑在脑容量上并没有什么区别，都拥有大约 300 亿个神经元（如今的红毛猩猩、大猩猩和黑猩猩的大脑依然如此）。面对进化的岔路口，一些猿猴果断摒弃了常规路线，更准确地说，是自然选择把它们带出了树林，找到了新的机遇。

当时，树林里其实有很多比原始人体形更大、肌肉更发达的猿猴，但自然选择还是"挑中"了那些勇敢的开拓者，并帮助他们打造出更大的脑容量。在最初的 450 万年里，这批开拓者的大脑所发生的变化缓慢而细微，但在随后的 150 万年中，他们大脑的容量以及神经元的数量竟不止翻了一倍，从此便彻底与其他猿猴拉开了距离，实现了质的飞越：

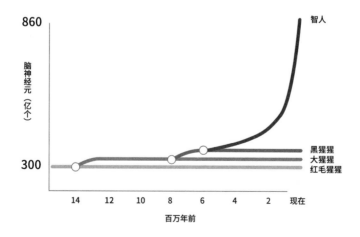

曾几何时，人类每天需要花费大量时间觅食，因而留给吸收消化、新陈代谢以及发育成长的能量已经少得可怜。因为能量有限，人类只能在大脑和肌肉之间做出取舍：大脑发育需要耗费巨大的能量，导致人类很难在强身健体的同时进化出一个强大的大脑。动物对大脑的要求并不高，只要能帮助自己完成觅食、防卫和繁衍的任务就够了。与之对比，它们对身体的要求则非常苛刻，迫于外界环境的压力，它们必须拥有强健的体魄，这样才能增加自己存活的概率。这也就是为什么猿猴的体形和肌肉都在随着能量的摄入不断加强，但大脑却没有太大的改变。然而，自从走上进化的岔路，人类最初的雏形便开始分配更多的能量用于支持大脑的发育，从那以后，人类的大脑一路进化，发展到今天，它每天要耗费我们摄入能量的30%，而其他猿猴用于大脑的能量只占总体摄入的15%（用于消化吸收和增强肌肉的能量却远远高于人类）。

我们不禁要问，当初那个岔路口是如何形成的呢？我们的祖先又为何选择冒险将能量更多地分配给大脑呢？

前面我们已经说过，复杂事物的背后必定有错综复杂的原因。不过，人类学家已普遍达成共识，认为之所以会形成岔路口，最关键的原因就是直立行走。

所有大型猿猴都可以用后腿站立，偶尔也能直立行走，这就为人类的诞生提供了"助跑优势"。由于气候波动，非洲丛林逐渐萎缩，广袤的平原不断扩张，一些曾经在树上生活且具有冒险精神的猿猴慢慢开始适应地面，因为它们需要寻找果腹的食物和栖身的住所。慢慢地，他们的腿变长了，也因此增强了站立和行走的能力。当然，从偶然站立到真正的直立行走花费了人类几百万年的时间，但这绝对是人类与猿猴拉开差距的最主要原因。直立行走为人类提供了太多便利和优势，包括看到更远处的食物和捕食者，奔跑的速度比其他灵长类动物更快，忍耐力也变得更为长久（因为直立行走，直接暴露在阳光下的身体面积大幅减少，降低了身体过热的频率，从而延长了奔跑的时间）。当然，直立行走还解放了上肢，让人类可以搬运更多食物以备不时之需。接下来我们再来看看直立行走的其他好处。

　　因为直立行走，人类的喉部降落到更低的位置，为声道的打开提供了前提条件，从而为最终语言的形成奠定了基础。因为有了语言，人类交流的能力大幅提升，即使是复杂的内容也能有效沟通，这便提高了人类分享知识的速度和数量。另外，因为解放了上肢，人类双手也进化得越来越灵活，灵活的双手正是发明石器工具的先决条件。后来，又因为有了工具，人类捕猎和切割动物的能力也随之增强，于是增加了蛋白质的摄入，而更加合理的饮食又为人类提供了更多的能量。总之，直立行走不仅帮助人类从外部环境获取到更多能量，而且减少了我们对能量的需求：使用工具将肉类切碎后，用于消化和吸收的能量大幅降低，两条腿走路所耗费的能量也只有原来四条腿走路时的四分之一。可以这样说，正是因为直立行走，人类才拥有了可以支配的剩余能量。

| 结 语 |

直立行走有很多好处，很难一言以蔽之。

　　人类为什么会将剩余能量用于开发大脑，而不是强身健体呢？业界对这个问题也给出了较为一致的答案，不过也只是一种猜测，无法对其加以验证。随着人类越来越擅长猎食动物，社会的复杂性也不断加强，因此，我们对更为强大的大脑的需求远远大于对强健体魄的需求。猎食巨大的动物需要团体内部的合作：人类不再单打独斗，为了实现更有效的合作，我们更多需要的是智慧，而不是蛮力。有了聪明的脑子，才能想出合作狩猎的办法，才能更好地应对复杂的社会生活（包括解决冲突、以智取胜以及追求伴侣）。当其他猿猴的生存还停留在最基本的采摘进食（能量消耗巨大，无法完成更为复杂的认知任务）阶段时，人类已经可以通过狩猎和采集养活自己，而要完成这些活动，需要的正是人类的智慧。

　　由此可见，各种相辅相成的因素共同构成了一个良性循环，从而促进了人类大脑的进化。当然，其中最重要的还是直立行走所做的贡献，它具有里程碑式的意义，没有它，人类便不可能与其他动物彻底拉开差距。100多万年前，人类大脑的进化可谓突飞猛进，形成了巨大的飞跃，背后的原因又是什么呢？因为人类学会了钻木取火，学会了用灵巧的双手加工食物，也正是从那一刻开始，人类的大脑才有了跨越式的发展。

直立行走 + 食物加工 =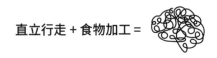

煮熟的食物摄入后更容易分解和吸收,因此大大降低了消化吸收所需要的能量。不仅如此,加工过的食物还有助于肠道在将废物排出前吸收更多的营养(这就是为什么人类粪便中的营养物质不如其他动物的丰富)。直立行走不仅增加了我们的能量供给,还减少了我们的能量需求,加工过的食物也是如此,对人类绝对有事半功倍的效果——不仅有利于营养物质的吸收,还降低了消化所耗费的能量。食物的加工让人类能量的累积实现了巨大突破,也帮助人类的大脑在容量及复杂性上获得了新的飞跃,从而加快了我们认知能力的发展。由于人类具备分享知识的能力,大脑的复杂性可以因此得到滋养:文化知识世代相传,人类整体的知识和技能储备也随之持续增加。其他物种不太可能像人类一样实现跨代际的知识传承,哪怕只是最基本的知识技能也很难做到。当然,也有人对此提出异议,但至今都苦于无法证明。人类不同于其他动物,即使发展到现在仍在不断学习、不断探索,这当然是好事,但也导致我们所生活的世界以及我们的生活本身变得越来越复杂,越来越难以捉摸。

总而言之,自从人类祖先走上那条其他物种未曾走过的路,自从我们成为第一个直立行走的灵长类动物,600万年的时间已经过去了，人类也进化成了更为先进的物种：直立行走，脑容量巨大，生殖器官较为发达，足以让我们的进化之路得以延续。

不过话说回来，人类进化得并不完美，还有很多缺陷。

弱小的身躯顶着巨大的脑袋

我们在第 1 章开篇的时候就说过，人类身上有许多缺陷，大脑也未能幸免。随着人类祖先开始直立行走，人类的脊椎变得比其他猿猴弯曲了很多，特别是腰椎的位置，正是这种弯曲导致现今大约 80% 的人都会出现偶发或慢性的腰痛——伏案久坐的人尤其如此，更不要说怀孕给女性腰背部造成的巨大压力。不仅如此，脊椎的弯曲还非常容易造成椎骨间软骨组织的错位，这也是为什么只有人类会患上"椎间盘突出"的毛病。人类的缺陷远不止这些：四足动物在奔跑和跳跃时给身体造成的压力可以由四肢共同分担，但人类不同，任何大的动作都会给我们本就脆弱的膝盖和脚踝造成沉重的负担，包括同样脆弱的韧带（尤其是容易撕裂的十字韧带）。人类的缺陷还不止这些：为了直立行走，人类的髋骨和盆骨大幅缩小，导致女性的产道严重扭曲，要想顺利产下大脑袋的人类幼崽，着实需要经过一番波折，这也是之所以只有人类在分娩时需要外界的辅助，而其他动物则完全可以自己应付的原因。若不是因为有了现代的产科技术，人类婴儿的死亡率可能还会维持在很高的水平。好在过去的 100 年，这一数值已经从10%降到大部分发达国家都能实现的0.5%。

人类身体存在大量缺陷,就连大脑也未能幸免。

自然选择的过程也必须做到量体裁衣,因此,人类花了很长时间才学会直立行走,进化的过程也远没有停止,身体还在不断做出调整。我们必须明白:人类的身体机能还有很多缺陷,还没有进化完全,庞大复杂的大脑也是如此,同样满是瑕疵,同样没有进化完全。我们很多人或多或少都有腰背痛的毛病,但我们不会总想着那是直立行走引发的问题;与之类似,我们都会遭受不同程度的心理折磨,却依然会无视大脑的设计缺陷。这也就是说,我们对自身后背和大脑的认识还存在很多不足——它们的进化进程也远没有结束。

初来乍到、佛之大悟,参伍错综、遐迩一体

本章文首援引了心理学家埃里希·弗洛姆《健全的社会》中的一句话,书中弗罗姆精准地捕捉到了人类现阶段的本质——"既脱离了自然,又无法与其彻底割裂"。尼采在《查拉图斯特拉如是说》中也以他独特的华彩风格描述了人类的困境,他写道,"人类就像一根绳子,在动物和超人之间来回拉扯——而身下就是无底的深渊"。两位作者强调了同一个事实,那就是人类从根本上

讲还是灵长类动物，进化的过程还没有停止，导致我们纠结的正是这种"半进半出"、不伦不类的状态。也就是说，人类的大脑仍处于测试阶段，负责人类认知的软件系统还不够完善——还存在瑕疵，正是这些瑕疵造成了我们的痛苦和疲惫。尤其是到了21世纪以后，大脑的第一系统更是彻底迷失了方向（仔细想想，我们那表面强大的大脑或许还达不到基本的测试水平）。

通篇，我们列举了人类最为严重的五个认知设计缺陷，要想克服这五个缺陷，其困难程度丝毫不亚于打赢五场激烈的战斗，敌人不是别人，正是我们自己。针对每个缺陷，我们都提供了一个总体的应对策略，也介绍了一些可以克服人类奇葩问题的具体手段。这是一场自我对抗的战争，我们每天都要面对，人类之所以纠结是因为我们不知道自己痛苦的根源（不知道设计特征如何沦落成了设计缺陷）。话说回来，即使我们意识到了问题的原因，解决起来也非易事，需要我们勇敢打破大脑的初始设定。好在，人类也不是无计可施，间隔时空一直等着有机会为我们效力，不仅如此，观察自我也做好了完全准备，不仅愿意提供帮助，而且有能力完成任务，可以真正帮助人类减少痛苦。总而言之，间隔时空是一个神奇的地方，走进去，我们就能获得掌控认知的自由。

在我继续后面的内容之前，我觉得有必要说明自己的立场：胆敢修正佛陀《四圣谛》的人必定是目空一切的伪知识分子；妄图对佛陀说教的人必定是不知天高地厚的狂妄之徒。恕我对佛陀的大智慧提出一点不成熟的修改意见，但我绝对没有任何不敬之意：

佛陀：第一圣谛讲的就是人生难免痛苦的纠结。

泰德：完全同意。

佛陀：第二圣谛解释了痛苦的原因，包括欲望、渴求和贪恋，而这些多源于我们对现实本质的无知。

泰德：我也认同人类会对事实产生误解，这也因此成为我们痛苦的根源。如果佛陀所说的欲望或贪恋指的就是我们对无法得到的东西的期待，那我也完全同意他的说法。人类渴望简而化之、心知肚明、清晰明了、未卜先知、人生充实等。

佛陀：我们误以为现实世界是一种固定不变的存在，以为自己可以置身事外并从中获得各种满足感。但事实上，世界永远在变，而我们也是世界的一部分，不可能为所欲为。如果我们对其抱有错误的幻想，就会欲求不满，从而造成内心的痛苦。第三圣谛告诉我们，要想结束痛苦，并不是毫无办法，只要我们放弃欲望，就能够获得自由。

泰德："结束痛苦"恐怕很难做到，因为我们无法彻底摆脱人类最初的认知设计——能够缓解那些我们自找的痛苦就已经是最好的结果了。我们不可能放弃所有渴求，能做的就是更好地认识宇宙，调整我们的诉求。

佛陀：如果我们能打破幻想，认识到人类与不断变化的世界是不可分割的整体，就能自然而然地放弃错位的欲望。也只有这样，痛苦才能结束，我们也才能从痛苦中解脱出来。

| 结 语 |

泰德： 嗯……在我看来，人类不该把痛苦归咎于太多形而上的东西，能减少此生的痛苦就够了，我并不指望什么永世的解脱。我始终认为，人类大多数痛苦都源于看不清事物的本质。

佛陀： 第四圣谛列举了通往放弃欲望、结束痛苦的八正道：正见、正思维、正语等。

泰德： 我也发明了自己的"五正道"——每条正道都针对一个人类的认知设计缺陷，每条正道都有相应的辅助手段。

佛陀： 八正道虽然听上去复杂，但其实非常简单：我们只要纠正对世界的认识，明白我们跟世界是一体的关系，问题就可以迎刃而解。通过冥想，我们可以更好地了解当下的感受和变化，从而帮助自己看清现实的真相。

泰德： 要想解决人类的痛苦，我们要做的绝不只是消除幻想这么简单。不过佛陀说得也没错，冥想确实是一个行之有效的手段，它可以帮助我们走进"间隔时空"，摆脱第一系统强加给我们的想法和感受。这样一来，我们就可以充分利用第二系统提供的策略和手段，彻底改变过去错误的思维及应对方式。

佛陀： 祝好运。

我不信佛，原因很简单，因为我不相信佛教的宇宙观（因果报应、转世轮回等），但佛教的很多思想我都认同，而且还深受启发。有人曾将佛陀悉达多誉为人类历史上第一位心理学家，这种评价颇有几分道理，佛陀做的事与心理学家的工作的确有相似之处：诊断人类的痛苦，审视人类心灵的本质及其弱点，并提出获得内心平静的方法。悉达多在我们认识、研究元认知的几百年前，就已经对所谓内观进行了探讨，并对人类起起伏伏的心理变化做了研究。

这本书的核心思想其实也受到了佛教的启发，人类的终极自由取决于我们的元认知能力，它为我们打开了一个新世界，能够帮助我们实现自我抽离并控制自我认知。如果没有这个新世界，我们便无法克服自身的认知缺陷。人类遭受的大部分痛苦都是咎由自取，都源自人类大脑愚蠢的工作方式。设计特征一旦沦为设计缺陷，我们只能寻找新的路径，摸索着走出认知不足的森林。要想找到正确的路径，就必须开启"间隔时空"。

有了"间隔时空"的帮助，我们便可以不再活得那么艰难。"间隔时空"就是我们的避难所，只有到了这里，我们才能摆脱内心反复上演的阴谋和假想。"间隔时空"能让我们变得更聪明，能让我们拓宽视野，从而摘下有色眼镜，摆脱一直过度依赖的认知偏好。我们已经知道自己对世界的看法存在"主观偏见"，但仍然不清楚这种偏狭将对我们造成何等严重的影响。人类的短视助长了我们自私自利、自以为是、自命不凡、自行其是的毛病，这就是为什么我们不仅需要一个可以看清事实的空间，还迫切需要来自彼此的帮助——这其中的原因不用说大家也清楚，只是我还是想强调一句：如果我们不懂得参考别人的想法，个人的观念必定会变得越来越狭隘。

| 结 语 |

作战计划

问题所在：
特征 → 缺陷
第一系统
越俎代庖

解决手段：
**进入间隔时空，
修复认知缺陷**
第二系统的元认知
抢回丢失阵地

五大作战部署

特征 初始设定	缺陷 导致问题	补救措施 间隔时空
追求简化处理	奢望简而化之 （过度简化）	**系统思维：** 剖析因果 认识随机性 提出问题
只求得过且过	沉迷定数执念 （过分自信）	**临时真相：** 概率思维 怀疑态度 谦恭姿态
负面情绪倾向	情绪不由自主 （反应过度）	**正念训练：** 描述情绪 评判情绪 计划下一步该做的事
功能灵活多变	内心冲突不断 （内心冲突）	**一心同体：** 寻找"理想自我" 优先对待"理想自我"
凡事寻找意义	人生本末倒置 （提问有误）	**全情投入：** 采取行动 改变态度

借鉴植物智慧，做出精心部署

相关研究表明，83%的人会在人生某个阶段经历"符合精神障碍诊断标准的精神症状及由此导致的功能损伤"。存在主义认为，人类特有的痛苦是获得特有的自由所要付出的代价，也是我们比其他动物更能控制世界和自我所要支出的成本。人类的自由必定会伴随沉重的心理代价（这也正是萨特在《存在与虚无》中说人类"被判处了自由刑罚"的原因），这一点毋庸置疑。自由不仅代价高昂，回报还没有保障，好在第二系统可以帮助我们走出第一系统的禁锢，摆脱第一系统的即时反应。有了第二系统，我们便可以走进"间隔时空"，继而获得真正意义上的自由。但是，进入第二系统也有一定的难度，因为第一系统不愿意放权，总会想方设法阻止我们撤退到"间隔时空"，所以我们必须采用相应的策略和手段才能得偿所愿。

奥地利作家弗兰茨·卡夫卡（Franz Kafka）在写给情人的信中写道："如果一个人无法过上愉快而率真的生活，那他应该做出精心部署，借助巧妙的手段帮助自己摆脱困境。"我们在前面介绍一些应对人类特有难题的手段，这些办法操作起来都有一定的难度，需要我们克服大脑本能的选择。既然人生给我们出的难题不像你、我或卡夫卡希望的那样"直截了当"，那我们的办法也不可能简单明了。如果你还记得（第4章和第12章）亚伯拉罕·卡普兰对困难与困境所做的区分,就会明白人类的现实状况并非需要解决的问题,而是需要应对的困境。因为根本不存在清晰明确的解决方案,我们只能用力所能及的方式加以应对。总而言之,我们能做的就是"精心部署,小心操作"。

尼采曾经在他未发表的笔记中解释过为什么人类即使遭遇了无数困难,即使对宇宙意义缺乏清醒的认识,也能继续存活下去。我认为他的解释可以称得上鞭辟入里,他是这样写的:"他终于明白自己也可以像植物一样发挥创造力,也可以不断向上攀爬,并懂得在迂回曲折中获得维系自己生长的阳光和土壤。哪怕土地再荒凉,阳光再稀少,它也能为自己争取一席之地,拥有属于自己的一份快乐。"人类的确可以像顽强的植物一样,在恶劣的环境中披荆斩棘,最终找寻到笃定的根基,获得真实而有意义的温暖。(尼采的这一想法或许是受到了伏尔泰《老实人》的启发,我们在第 12 章提到过,书中的老实人提出了一个可以解决人生奥秘的简单办法,那就是"好好打理自己的花园"。)

我想,如果我们人生真的太过简单直接,不需要我们任何精心部署、巧妙操作,那我们大多数人都会感觉穷极无聊。跟人类相比,其他动物或许真能活得很轻松,但它们获得的乐趣也会大打折扣,对吧?